SANFT GAREN
BEI NIEDRIGTEMPERATUR

EDITION XXL

Vorwort

Der Mensch ist schon seit Jahrtausenden ein Jäger und Sammler! Ob sich die Steinzeitmenschen bei ihrer Jagd die schönsten Stücke Fleisch holten und auf einem kleinen offenen Feuer stundenlang garten, oder ob es die Hunnen waren, die bei ihren wochenlangen Ritten das Fleisch unter ihrem Sattel eigentlich bei Körpertemperatur „weichritten", Fleisch, Fisch und Geflügel gehörten schon immer zu den Hauptnahrungsmitteln des Menschen. Eine total überhitzte Bratpfanne oder 220° C im Backofen hat eigentlich keiner gebraucht.

Es muss einen Grund haben, warum man heute wieder zu niedrigeren Temperaturen kommt.

Gutes Fleisch hat seinen Preis. Aber bei diesem Buch ist mir unglaublich stark bewusst geworden, wie wichtig es ist, sein Fleisch bei einem Metzger seines Vertrauens zu kaufen. Wenn es im ersten Moment tatsächlich etwas teurer ist, so hat das wirklich seinen Grund. Meine schlechteste Erfahrung war ein optisch tolles und scheinbar preiswertes Stück Kalbfleisch. Selbst bei 80° C ist das Wasser nur so aus dem Braten gelaufen. Das halbe Gefäß stand unter „Fleischsaft". Das Bratenstück selbst war nur noch halb so groß und wirklich nicht genießbar. Es war einfach nur noch steinhart.

Mit schnell gewachsenen und falsch ernährten Tieren kann man einfach keine guten Fleischergebnisse erreichen. Wichtig ist auch, dass die Tiere stressfrei geschlachtet werden. Das sind alles Dinge, die man dem Fleisch leider nicht ansieht.

Die Qualität ist bei Fleisch und Fisch das A und O für ein gutes Gelingen. Die Fleischqualität wird durch verschiedene Faktoren beeinflusst. Besonders stark macht sich auch bemerkbar, wenn die Reifezeit nicht beachtet wird.

Geschmacklich gibt es auch einiges zu beachten. Sollten Sie die Möglichkeit haben, Fleisch von Weiderindern zu kaufen, dann sollten Sie nicht zögern. Diese Tiere haben nachweisbar zarteres Fleisch.

Bei Geflügel und Fisch gibt es keine Reifezeit. Geflügel muss schnell und ohne die Kühlkette zu unterbrechen sofort verarbeitet werden. Damit gibt man Salmonellen wenig Chance. Bei Fisch ist es ähnlich. Schon an der Fischtheke können Sie „riechen", ob der Fisch frisch ist. Wenn der Fisch einen starken Fischgeruch hat, ist er alt. Frischer Fisch riecht nicht!

Lesen Sie die Rezepte sehr genau, dann kann nichts schiefgehen. Genießen Sie Ihren gelungenen Braten oder Fisch in netter Runde mit Freunden oder Bekannten.

Ihre Elisabeth Bangert

Bratenthermometer zum Messen der Kerntemperatur

Inhalt

→ Personenanzahl

→ Zubereitungszeit

→ Garzeit

→ Ober-/Unterhitze

→ Kerntemperatur

Fleisch und Fisch

Das Wichtigste beim Niedrigtemperaturgaren ist, dass man konsequent auf das Bratenthermometer achtet. Fleisch oder Fisch sind in Größe und Form derart unterschiedlich, dass auch unterschiedliche Garzeiten anfallen werden. Unsere Zeitangaben sind Richtwerte.

Als Test haben wir ein Stück Schweinebauch 17 Stunden bei 80° C gegart. Das Fleisch war hervorragend, das Fett nicht mehr fett, sondern knackig, man kann schon sagen einfach eingetrocknet. Kalt aufgeschnitten war es ein absoluter Genuss.

Wir raten Ihnen, ein neues Rezept zu testen, bevor Sie Gäste einladen. Am wichtigsten ist das Erreichen der angegebenen Kerntemperatur für die entsprechende Fleischsorte. Der Zeitbedarf kann variieren und ist damit nur als Richtwert zu sehen.

Zu beachten ist, dass, wenn zum Beispiel viele Zwiebeln oder Gemüseblätter auf den Braten geschichtet werden, die Hitze erst mal durch diese Schicht dringen muss. Das kann einige Stunden in Anspruch nehmen. Schneller geht es, wenn man das Fleisch nach der Hälfte der Garzeit einfach aufdeckt.

Vorsicht: Das Bratenthermometer wird im Backofen heiß! Bitte nur mit Topflappen oder Ähnlichem herausziehen.

RIND

Rindfleisch ist kräftig rot. Man sollte gut marmorierte Fleischstücke kaufen, sie sind zarter und saftiger als sehr magere Stücke.

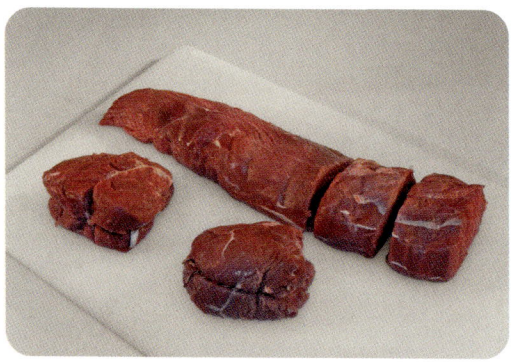

Filet – für Steaks und Bœuf Stroganoff

Roastbeef

SCHWEIN

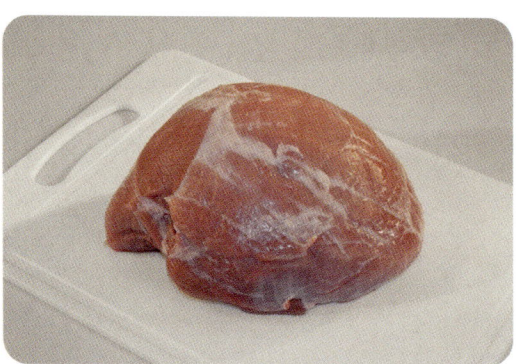

Schweinenuss – gehört zu den mageren Sorten.

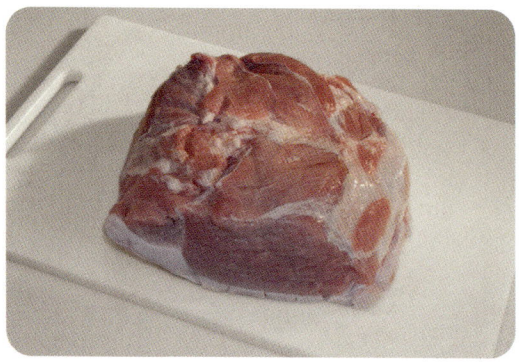

Krustenbraten – ist durchwachsen

Die Schwarte vor dem Braten am besten mit einem Teppichmesser einritzen, damit die Schnitttiefe gleichmäßig wird.

GEFLÜGEL

Putenbrust

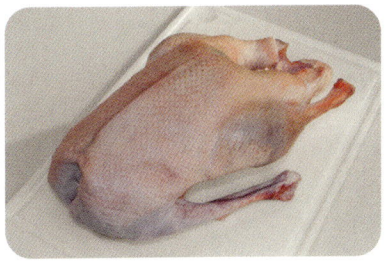

Gans

Eine 3-kg-Gans reicht für maximal vier Personen, da sie nur an den Keulen und Flügeln Fleisch hat.

KALB

Hohe und flache Nuss

Kalbfleisch zeichnet sich durch seinen besonders milden Geschmack aus. Es hat eine feine Faserstruktur.

Falsches Filet – ist durch eine gute Fütterung etwas dunkler

Bei schlechter Fütterung ist das Fleisch heller, weil es zu viel Wasser enthält. D. h, je dunkler das Fleisch, desto hochwertiger ist es.

LAMM

Lammkeule, ausgebeint

Lammfleisch aus Deutschland stammt von Tieren, die maximal zwölf Monate alt sind.

WILD

Wild ist das natürlichste Fleisch überhaupt, da es nicht durch Massentierhaltung in seinem Geschmack verändert ist.

Hirschbraten

Wildschweinkeule

Rehkeule

FISCH

Seelachsfilet vom Rücken

Das Filet vom Rücken ist nahezu grätenfrei und daher auch teurer.

Ganz frischer Seelachs hat eine leicht rosa Farbe. Durch die Lagerung in der offenen Theke dunkelt er dann etwas nach.

Thunfisch

Da Thunfisch sehr sättigend ist, sollte man im Höchstfall 200 g pro Person einplanen.

Seeteufel – ein sehr edler Fisch ohne Gräten.

Tipps und Tricks

Beim Niedrigtemperaturgaren gibt es einige wichtige Regeln, die das Gelingen sehr positiv beeinflussen können.

1. Vor dem Braten sollte das Fleisch Zimmertemperatur (ca. 20°C) haben. Bei einem Beispiel hatte unser Braten aus dem Kühlschrank eine Kerntemperatur von 14°C. Das sind allein 6°C, die der Braten im Backofen in entsprechender Zeit erst einmal aufholen muss.

2. Wärmen Sie die feuerfesten Platten oder Gefäße immer im Backofen mit an, bevor Sie das angebratene Fleisch hineinlegen. Auch das bringt eine nennenswerte Zeitersparnis. Fleischstücke immer in ausreichend heißem Fett, am besten mit der Schnittseite beginnend, anbraten. So schließen sich schnell die Poren und der wertvolle Fleischsaft bleibt im Fleisch erhalten. Das Fleisch erhält durch das Anbraten eine schöne Farbe. Nach dem Anbraten auf keinen Fall mit der Gabel in das Fleisch stechen, der Fleischsaft würde sofort auslaufen. Den Braten oder die Fleischstücke am besten mit zwei Holzspateln aus der Pfanne heben und in das vorbereitete Gefäß legen. Der in der Pfanne verbleibende Ansatz kann dann für die Soße verwendet werden. Ist das Fleisch fertig, lässt man es in der Regel acht bis zehn Minuten ruhen.

3. Das Bratenthermometer dort platzieren, wo der Braten am dicksten ist und zuletzt die gewünschte Kerntemperatur zu erwarten ist. Die Kerntemperatur ist die Temperatur, die im Inneren des Bratens gemessen wird.

4. Nicht direkt am Knochen oder in einer Fettschicht messen. Die an diesen Stellen gemessenen Temperaturen entsprechen nicht genau denen des Fleisches.

5. Achten Sie beim Platzieren des Bratenthermometers auf eine gute Sicht auf die Skala. Wenn Bratenfolie verwendet wird, das Bratenthermometer durch die Folie stechen.

6. Fisch braucht trotz der niedrigen Temperaturen viel weniger Zeit als Fleisch. Das Besondere ist: Wenn Gäste kommen, ist es gerade beim Fleisch sehr hilfreich, dass es ihm nichts ausmacht, wenn es noch ¼ Stunde länger im Backofen bleibt.

Keine Angst vor dem Stromverbrauch aufgrund der langen Garzeiten:

Stromverbrauch beim Sanft Garen

Backofen-temperatur	Garzeit	Stromverbrauch in kWh Gesamt-Garzeit	angenommener Preis €/kWh ohne Grundkosten	Verbrauchs-kosten €
80°C	4 Std.	1	0,1919	0,19
80°C	5 Std. 30 Min.	1,3	0,1919	0,25
80°C	7 Std.	1,9	0,1919	0,36
80°C	17 Std.	4,3	0,1919	0,83
100°C	2 Std. 5 Min.	0,8	0,1919	0,15
100°C	3 Std. 15 Min.	1,1	0,1919	0,21
100°C	5 Std. 5 Min.	1,7	0,1919	0,33
100°C	9 Std. 45 Min.	3	0,1919	0,58

Stromverbrauch im Vergleich z. B. beim Kuchenbacken

Backofen-temperatur	Garzeit	Stromverbrauch in kWh Gesamt-Garzeit	angenommener Preis €/kWh ohne Grundkosten	Verbrauchs-kosten €
180°C	1 Std.	1,2	0,1919	0,23
200°C	1 Std. 15 Min.	1,3	0,1919	0,25

Soßen

Da beim Sanft Garen kaum Flüssigkeit austritt, bleibt der Braten saftig und es bildet sich nur wenig Bratensatz. Wer viel Soße möchte, muss mit einer anderen Grundsubstanz wie z. B. Instantpulver oder Ähnlichem eine Soße zubereiten.

Soße wird sehr schnell kalt. Aus diesem Grund sind Thermosaucieren eine tolle Erfindung.

Rinder*soße*

ZUTATEN:
1 Zwiebel
1 grüne Paprikaschote
1 EL Bratensoße, instant
1 Scheibe trockenes Brot ohne Körner (ca. 50 g)
Salz, Pfeffer

ZUBEREITUNG:
Die Zwiebel schälen und würfeln. Die Paprikaschote halbieren, die weißen Trennwände und Kerne entfernen, waschen und in Streifen schneiden. In die Pfanne mit dem Bratenansatz vom Rinderbraten die Zwiebelwürfel und die Paprikastreifen hinzugeben und so lange dünsten, bis sie weich sind. ½ l Wasser auffüllen, zum Kochen bringen und das Bratensoßenpulver hineinrühren. Zum Andicken das Brot in die Soße geben und mitkochen, bis es ganz weich ist und zerfällt. Die Soße pürieren und nach Geschmack mit Salz und Pfeffer würzen.

Geflügel*soße*

ZUTATEN:
1 Orange
1 Zwiebel
2 EL Butterschmalz
400 ml Geflügelfond
1 EL Bratensoße, instant
1 EL Mehl, Salz, Pfeffer
etwas Petersilie

ZUBEREITUNG:
Die Orange auspressen. Die Zwiebel schälen und klein schneiden. In der Pfanne, wenn möglich mit dem Bratenansatz, sonst mit zwei Esslöffeln Butterschmalz, die Zwiebelstücke glasig dünsten. Den Geflügelfond dazugießen und auf die Hälfte der Flüssigkeit einkochen lassen. Das Bratensoßenpulver und den Orangensaft hineinrühren. Das Mehl mit dem Schneebesen in ¼ l kaltem Wasser verquirlen und die Soße nach Bedarf andicken. Mit Salz und Pfeffer abschmecken und pürieren. Mit frischer Petersilie bestreuen.

Champignon*soße*

ZUTATEN:
1 Zwiebel
2 EL Butterschmalz
500 ml Rinderfond
1 EL Mehl
Salz, Pfeffer, Muskatnuss
100 g Champignons, etwas Kresse

ZUBEREITUNG:
Die Zwiebel schälen, fein würfeln und in dem Butterschmalz andünsten. Den Rinderfond aufgießen und aufkochen lassen. Das Mehl in ¼ l kaltem Wasser mit dem Schneebesen verquirlen und die Soße damit andicken. Mit Salz, Pfeffer und etwas Muskatnuss abschmecken. Die Soße pürieren. Die Champignons mit einem Pilz- oder Kuchenpinsel säubern, die Stielenden abschneiden. Nicht waschen, da sie sich schnell mit Wasser vollsaugen und an Geschmack verlieren! In Scheiben schneiden und kurz vor dem Servieren in die heiße Soße geben. Mit frischer Kresse bestreuen.

Rinderbraten *mit Feigen und Polenta*

 8 Personen

ca. 50 Minuten

ca. 4 ½ Stunden

80° C

60° C

ZUTATEN:

1,5 kg Rinderbraten
(Bürgermeisterstück)
Salz, Pfeffer, Paprikapulver
Rosmarin, getrocknet
1 ½ TL Knoblauch, gefrier-
getrocknet
75 ml Olivenöl, 1 Zwiebel
200 g Soft-Feigen

Für die Soße:
1 EL Bratensoße, instant
1 EL Mehl
Salz, Pfeffer

Für die Polenta:
400 g Maisgrieß
Salz
Muskatnuss
Butter

ZUBEREITUNG:

1. Den Backofen auf 80° C vorheizen und eine feuerfeste, flache Form darin vorwärmen. Den gefriergetrockneten Knoblauch in zwei Esslöffeln kaltem Wasser quellen lassen. Die Zwiebel schälen und vierteln.

2. Das Fleisch unter fließend kaltem Wasser abwaschen und mit Küchenkrepp trocken tupfen. Mit Salz, Pfeffer sowie Paprikapulver würzen und in dem heißen Olivenöl von allen Seiten in 15 Minuten scharf anbraten.

3. Den Braten in die vorgewärmte Form legen und mit Rosmarin und dem abgegossenen Knoblauch bestreuen. Das Bratenthermometer an der dicksten Stelle des Bratens platzieren. Die Zwiebelstücke zum Braten legen und auf einem Ofengitter ca. 4 ½ Stunden auf der unteren Backofenschiene garen. Die Kerntemperatur sollte ca. 60° C erreichen. Nach der Garzeit den Ofen ausschalten und den Braten noch etwas ruhen lassen.

4. Die Feigen in 5–8 mm große Stücke schneiden, mit zwei bis drei Esslöffeln des heißen Bratöls begießen und ruhen lassen. ½ Stunde bevor der Braten fertig ist, die Feigen in die Form zum Braten in den Backofen legen.

5. Für die Soße den restlichen Bratenansatz aus der Pfanne mit ½ l Wasser zum Kochen bringen, das Bratensoßenpulver hineinrühren und aufkochen. Das Mehl mit dem Schneebesen in ¼ l kaltem Wasser verquirlen und die Soße nach Bedarf damit andicken. Mit Salz und Pfeffer abschmecken. Feigen und Zwiebeln der Soße hinzufügen.

6. In einem Topf 1,6 l Wasser mit Salz aufkochen. Die Herdplatte auf niedrige Hitze zurückdrehen und unter ständigem Rühren nach und nach den Maisgrieß hinzufügen. So lange kochen (ca. 40 Minuten) und umrühren, bis sich der Brei vom Topfboden löst. Vor dem Servieren etwas weiche Butter hineinrühren. Den Polentabrei mit einem Spritzbeutel mit Sterntülle anrichten.

Semmerrolle *mit Paprikagemüse*

6 Personen

ca. 40 Minuten

ca. 4 ½ Stunden

80° C

60° C

ZUTATEN:

1,4 kg Semmerrolle aus
der Unterschale vom Rind
5 EL Sojasoße
3 EL Olivenöl
2 Zwiebeln
25 ml Olivenöl zum Anbraten
frisches Basilikum
Salz, Pfeffer, Paprikapulver

Für die Soße:
1 EL Bratensoße, instant
1 EL Mehl
Salz
Pfeffer

Für das Paprikagemüse:
je 2 rote, grüne und gelbe
Paprikaschoten
2 EL Butter

ZUBEREITUNG:

1. Den Backofen auf 80° C vorheizen. Ein Stück Bratenschlauch in der Größe des Bratens zuschneiden. Achtung: Ausreichend Schlauch zum Zubinden berücksichtigen!

2. Das Fleisch unter fließend kaltem Wasser abwaschen und mit Küchenkrepp trocken tupfen. In einer Schüssel mit Salz, Pfeffer, Paprikapulver und der Sojasoße würzen. Drei Esslöffel Olivenöl über den Braten gießen, einreiben und etwas ruhen lassen. Den Braten mehrmals wenden.

3. Die Zwiebeln schälen und in Scheiben schneiden. 25 ml Olivenöl in der Pfanne erhitzen und das Fleisch rundherum in zehn Minuten anbraten. Das Basilikum waschen, trocken schütteln, die Blätter von den Stielen zupfen und den Braten damit belegen. Ein paar Blätter für die Dekoration zurückbehalten. Die Zwiebeln in der Pfanne anbraten und in den Bratenschlauch legen. Den Braten auf die Zwiebeln legen und den Bratenschlauch nach Packungsanweisung verschließen. Das Bratenthermometer durch den Bratenschlauch an der dicksten Stelle des Bratens platzieren. Auf einem Ofengitter ca. 4 ½ Stunden auf der unteren Backofenschiene schmoren. Die Kerntemperatur sollte ca. 60° C erreichen. Nach der Garzeit den Ofen ausschalten und den Braten noch etwas ruhen lassen.

4. Für das Gemüse die Paprikaschoten halbieren, die weißen Trennwände und Kerne entfernen und waschen. In Stücke schneiden und in einem Sieb abtropfen lassen. Die Butter in einer Pfanne erhitzen, die Paprikastücke ca. zwei Minuten bei niedriger Temperatur darin dünsten und dabei die Pfanne leicht schwenken.

5. Für die Soße den Bratensaft und die Zwiebelscheiben aus dem Bratenschlauch in einen Topf geben. Mit ½ l Wasser auffüllen und zum Kochen bringen. Das Bratensoßenpulver hineinrühren. Das Mehl mit dem Schneebesen in ¼ l kaltem Wasser verquirlen, die Soße nach Bedarf damit andicken und pürieren. Mit Salz und Pfeffer abschmecken.

Schön gleichmäßig und ohne Fett!

Die Semmerrolle oder Schwanzrolle ist ein Teil-
stück der Unterschale. Die Schwanzrolle ist oval
und länglich gewachsen. Daher kann man aus ihr
sehr schöne, gleich große Portionen schneiden.
Man findet sie auch unter den Bezeichnungen
Seemerrolle oder Semerrolle.

Rumpsteak *mit Pfifferlingen*

4 Personen

ca. 25 Minuten

ca. 1 ½ Stunden

100° C

ZUTATEN:

4 Rumpsteaks à 250 g
2 EL Butterschmalz
400 g Pfifferlinge
1 Zwiebel
100 g Butter

½ Bund Schnittlauch
Salz
Pfeffer
250 g Datteltomaten
französisches Weißbrot

ZUBEREITUNG:

1. Die Rumpsteaks unter fließend kaltem Wasser abwaschen und mit Küchenkrepp trocken tupfen.

2. Den Backofen auf 100° C vorheizen und eine feuerfeste, flache Form darin vorwärmen.

3. In einer Pfanne das Butterschmalz erhitzen und die Steaks von beiden Seiten in ca. zwei Minuten anbraten.

4. Die Steaks in die vorgewärmte Form legen und beide Seiten mit Salz und Pfeffer würzen. Auf einem Ofengitter ca. 1 ½ Stunden auf der mittleren Backofenschiene garen. Nach der Garzeit den Ofen ausschalten und die Steaks noch ½ Stunde ruhen lassen. Mit dem Gabelrücken testen, ob die Steaks den gewünschten Garpunkt haben.

Wenn Sie etwas mehr Beilagen möchten …

wie z. B. Kartoffeln oder Rotkraut, kann das Rumpsteak ruhig etwas kleiner ausfallen.

5. Die Pfifferlinge mit einem Pilz- oder Kuchenpinsel säubern. Nicht waschen, da sie sich schnell mit Wasser vollsaugen und an Geschmack verlieren! Ganz hartnäckiger Schmutz kann mit einem Küchenmesser weggeschnitten werden. Die Stielenden abschneiden.

6. Die Zwiebel schälen und fein würfeln.

7. Die Butter in einer Pfanne schmelzen und die Zwiebelwürfel darin bei niedriger Temperatur glasig dünsten. Die Pfifferlinge hinzufügen und fünf Minuten mitdünsten.

8. Den Schnittlauch waschen, trocken schütteln und in feine Röllchen schneiden. Die Pfifferlinge mit Salz und Pfeffer abschmecken.

9. Kurz vor dem Servieren die Schnittlauchröllchen unter die Pfifferlinge heben. Die Rumpsteaks mit den Pfifferlingen sowie ein paar Datteltomaten auf Tellern anrichten und mit Weißbrot servieren.

Pilze nicht zu lange warten lassen …

Frische Pilze sind äußerst empfindliche Lebensmittel. Sie sollten möglichst noch am Tag des Einkaufs bzw. des Sammelns verwendet werden. Frische Pilze halten sich, locker und luftig gelagert, im Kühlschrank maximal einen Tag.

Rinder*gulasch*

ZUTATEN:

4 Personen

ca. 30 Minuten

ca. 3 Stunden

100° C

800 g Rindergulasch
500 g Zwiebeln
1 Knoblauchzehe
1 EL Mehl
Salz
Pfeffer
1 TL Rosenpaprika, scharf
3 Möhren

6 EL Olivenöl
2 EL Tomatenmark
600 ml Bratenfond
170 g mehligkochende
Kartoffeln
½ Bund Schnittlauch

ZUBEREITUNG:

1. Den Backofen auf 100° C vorheizen und eine feuerfeste Form darin vorwärmen.

2. Das Gulaschfleisch von Sehnen und Fett befreien. Nur wenn absolut notwendig unter fließend kaltem Wasser abwaschen und auf einem Sieb abtrocknen lassen.

3. Das Gulasch in einer Schüssel mit Pfeffer, Salz, dem scharfen Rosenpaprika sowie dem Mehl gut durchmischen.

4. Die Zwiebeln schälen und klein schneiden, die Möhren schälen und in Streifen schneiden. Den Knoblauch schälen. Die Kartoffeln waschen, schälen und reiben. Den Schnittlauch waschen, trocken schütteln und in kleine Röllchen schneiden.

5. Drei Esslöffel Olivenöl in einer Pfanne erhitzen und die Hälfte des Fleisches darin rundum kräftig anbraten. Herausnehmen und das übrige Gulaschfleisch im restlichen Öl anbraten. Das Fleisch herausnehmen und beiseitestellen.

6. In der Pfanne die Zwiebeln und die Möhren andünsten und den Knoblauch durch die Presse hineindrücken. Das Tomatenmark hineinrühren und kurz mit andünsten. Mit dem Bratenfond ablöschen, die geriebenen Kartoffeln hinzufügen und alles gut durchrühren.

7. Das Fleisch in die Soße legen, kurz aufkochen und in die vorgewärmte Form füllen. Auf einem Ofengitter ca. drei Stunden auf der unteren Backofenschiene garen. Nach der Garzeit den Ofen ausschalten und das Gulasch noch etwas ruhen lassen. Das Gulasch mit Schnittlauchröllchen dekoriert servieren. Dazu passen Baguette und ein grüner Salat.

Richtig mit Fleisch umgehen

Klein geschnittenes Fleisch nur dann waschen, wenn es absolut notwendig ist. Es verliert beim Waschen wertvolle Vitamine.

Das Fleisch am besten portionsweise anbraten, da es sonst Wasser zieht.

Filetsteaks *mit Mangospalten*

ZUTATEN:

4 Personen

ca. 20 Minuten

ca. 1 Stunde

90° C

Für die Steaks:
4 Rinderfiletsteaks à 250 g
50 g Butterschmalz
Salz
Pfeffer, frisch gemahlen

Für die Soße:
30 g Butterschmalz
1 Zwiebel
2 reife Mangos
½ Bund glatte Petersilie
1 EL grüne Pfefferkörner,
eingelegt
1 EL Zucker
2 EL weißer Balsamico Essig
1 TL Fleischbrühe, instant

ZUBEREITUNG:

1. Den Backofen auf 90° C vorheizen und eine feuerfeste Form darin vorwärmen.

2. Das Butterschmalz in einer Pfanne erhitzen. Die Filetsteaks unter fließend kaltem Wasser abwaschen, mit Küchenkrepp trocken tupfen und ungewürzt von beiden Seiten kurz anbraten. In die vorgewärmte Form legen und auf einem Ofengitter ca. eine Stunde auf der mittleren Backofenschiene garen. Die Filetsteaks während dieser Zeit ein bis zwei Mal wenden. Nach der Garzeit den Ofen ausschalten und die Steaks noch etwas ruhen lassen.

3. Die Zwiebel schälen und würfeln. Die Petersilie waschen, trocken schütteln und klein schneiden. ⅛ l Wasser zum Kochen bringen und das Fleischbrühepulver darin auflösen.

4. Die Mangos schälen, das Fruchtfleisch vom Kern abtrennen und in Spalten schneiden.

5. Das Butterschmalz erhitzen und die Zwiebelwürfel darin glasig dünsten. Die Pfefferkörner zu den Zwiebeln geben und die Petersilie kurz mitdünsten. Den Zucker über die Zwiebeln streuen, karamellisieren lassen und mit dem Essig ablöschen. Die vorbereitete Fleischbrühe dazugeben. Die Mangospalten unterheben und kurz mitdünsten.

6. Die Filetsteaks nach Belieben salzen, pfeffern und auf vorgewärmten Tellern mit den Mangospalten und der Soße anrichten. Dazu schmeckt frisches Baguette.

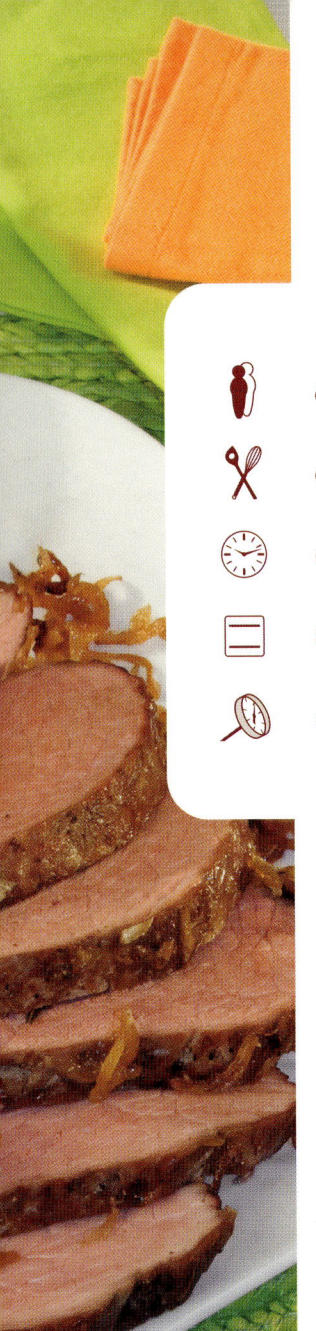

Tafel*spitz*

6 Personen

ca. 35 Minuten

ca. 5 ½ Stunden

80° C

60° C

ZUTATEN:

1,5 kg Tafelspitz vom Rind
60 g Butterschmalz
3 Zwiebeln, 1 Knoblauchzehe
5 Salbeiblätter, Salz, Pfeffer

Für die Soße:

2 EL Bratensoße, instant
ca. 100 g trockenes Brot ohne Körner
Salz, Pfeffer

Für den Spinat:

1,5 kg Spinat
1 Zwiebel
30 g Butter
Salz
Pfeffer
Muskatnuss
100 ml süße Sahne

ZUBEREITUNG:

1. Den Backofen auf 80° C vorheizen. Eine feuerfeste Form darin vorwärmen. Das Fleisch von Fett und Sehnen befreien, unter fließend kaltem Wasser abwaschen und mit Küchenkrepp trocken tupfen.

2. Die Zwiebeln schälen, halbieren und in Scheiben schneiden. Den Knoblauch schälen und in kleine Stücke schneiden. Die Salbeiblätter kalt abbrausen und trocken schütteln.

3. In einer Pfanne das Butterschmalz erhitzen und den Braten rundherum anbraten. Den Braten salzen, pfeffern und in die vorgewärmte Form legen.

4. Die Zwiebeln und den Knoblauch in der Pfanne mit dem Bratenansatz glasig dünsten. Mit Pfeffer würzen und auf dem Braten verteilen. Die Salbeiblätter auf die Zwiebeln legen. Den Braten auf einem Ofengitter ca. 5 ½ Stunden auf der mittleren Backofenschiene garen. Die Kerntemperatur sollte ca. 60° C erreichen. Nach der Garzeit den Ofen ausschalten und den Braten noch etwas ruhen lassen.

5. Einen Liter Wasser zum Kochen bringen und das Bratensoßenpulver hineinrühren. Zum Binden das trockene Brot hinzufügen und mitkochen, bis es ganz weich ist und zerfällt. Die Soße pürieren. Mit Salz und Pfeffer abschmecken.

6. Den Spinat gründlich putzen, waschen und abtropfen lassen. Einen großen Topf 5 cm hoch mit Wasser füllen, salzen und zum Kochen bringen. Den Spinat darin zwei Minuten – bei ganz zartem Spinat noch weniger – dünsten lassen. Die Spinatblätter herausheben und klein hacken.

7. Die Zwiebel schälen und fein würfeln. In einem Topf die Butter erhitzen und die Zwiebelwürfel glasig dünsten. Den gehackten Spinat dazugeben und mit Salz, Pfeffer sowie Muskatnuss abschmecken. Vor dem Servieren einen Esslöffel Sahne auf jede Portion geben. Den Tafelspitz mit Salbeiblättern dekoriert servieren.

Rinder*rouladen*

6 Personen

ca. 50 Minuten

ca. 3 ½ Stunden

100° C

60° C

ZUTATEN:

6 Rouladen aus der Oberschale
2 Essiggurken, 1 rote Paprikaschote, 2 Packungen à 150 g
Mini Schinkenwürfel, Senf
50 g Butterschmalz, 3 Zwiebeln
4 TL Bratenfond, instant
1 EL Mehl, Salz
Pfeffer, frisch gemahlen
reißfester Zwirn

Für das Kohlrabigemüse:
3 Kohlrabi, 40 g Butter
Salz, Pfeffer

Für die Dekoration:
½ Bund Petersilie
100 g schwarze Oliven,
ohne Stein

ZUBEREITUNG:

1. Den Backofen auf 100° C vorheizen und einen feuerfesten Glastopf darin vorwärmen. Die Rinderrouladen unter fließend kaltem Wasser abwaschen und mit Küchenkrepp trocken tupfen. Die Paprika halbieren, die weißen Trennwände und Kerne entfernen und waschen. Eine Hälfte in dünne Streifen, die Essiggurken längs in Streifen schneiden.

2. Die Rouladen ausbreiten, mit Salz und Pfeffer bestreuen und mit Senf bestreichen. Auf ⅔ der Rouladen ca. ⅔ der Mini Schinkenwürfel, die Paprika- und die Essiggurkenstreifen gleichmäßig verteilen. Die Rouladen vorsichtig, sodass alles schön verteilt bleibt, aufrollen und mit Zwirn zusammenbinden.

3. Die Zwiebeln schälen und würfeln. Das Butterschmalz in einer Pfanne erhitzen, die Rouladen kurz rundherum anbraten und in den vorgewärmten Glastopf legen. In dem Bratenansatz die Zwiebeln andünsten, die restlichen Schinkenwürfel hinzufügen und mit anbraten. Die zweite Paprikahälfte in feine Würfel schneiden

und zusammen mit dem Mehl in die Pfanne geben. Einen Liter Wasser zum Kochen bringen und das Bratenfond-pulver darin auflösen. Zu den Zwiebeln gießen und aufkochen lassen.

4. Die Rouladen im Glastopf mit der Soße auffüllen. Das Bratenthermometer in einer Roulade platzieren. Auf einem Ofengitter ca. 3 ½ Stunden auf der mittleren Backofenschiene garen. Die Kerntemperatur sollte ca. 60° C erreichen. Die Rouladen mehrmals in der Soße wenden. Nach der Garzeit den Ofen ausschalten und die Rouladen noch etwas ruhen lassen.

5. In der Zwischenzeit die Kohlrabi schälen, vierteln, in Scheiben und dann in Streifen schneiden. In einem Topf die Butter schmelzen und die Kohlrabistreifen darin kurz schwenken. Zwei Esslöffel Wasser hinzufügen und mit Pfeffer und Salz würzen. Die Kohlrabi zugedeckt ca. 15 bis 20 Minuten bei niedriger Temperatur dünsten. Die Petersilie waschen, trocken schütteln und klein schneiden. Die Oliven in Scheiben schneiden.

Flache Nuss *vom Rind*

ZUTATEN:

 6–8 Personen

 ca. 1 Stunde

 ca. 4 ½ Stunden

 90° C

 60° C

Für den Braten:
1,4 kg flache Nuss vom Rind
70 g Butterschmalz, Salz
Pfeffer, frisch gemahlen

Für den Rotkohl:
1 kleiner Kopf Rotkohl
2 EL Butterschmalz
1 Zwiebel, 1 Apfel
1 EL Klare Fleischbrühe,
instant, 1 EL Zucker

3 EL Essig, Salz, Pfeffer
2 EL Preiselbeeren

Für die Soße:
3 Zwiebeln
1 EL Bratensoße, instant
1 Scheibe trockenes Brot
ohne Körner (ca. 50 g)
Salz, Pfeffer

Für die Dekoration:
Salbeiblätter

ZUBEREITUNG:

1. Den Backofen auf 90° C vorheizen. Eine feuerfeste Form darin vorwärmen. Das Fleisch unter fließend kaltem Wasser abwaschen und mit Küchenkrepp trocken tupfen. Mit Salz und Pfeffer würzen.

2. Das Butterschmalz in einer Pfanne erhitzen und das Fleisch in fünf Minuten von allen Seiten scharf anbraten. Den Braten in die vorgewärmte Form legen. Das Bratenthermometer an der dicksten Stelle des Bratens platzieren und den Braten auf einem Ofengitter ca. 4 ½ Stunden auf der unteren Backofenschiene garen. Die Kerntemperatur sollte ca. 60° C erreichen. Nach der Garzeit den Ofen ausschalten und den Braten noch etwas ruhen lassen.

3. Vom Rotkohl die schadhaften Blätter entfernen. Den Kohl waschen, vierteln, den Strunk entfernen und fein schneiden oder hobeln. Die Zwiebel schälen und fein würfeln. Das Butterschmalz zerlassen und die Zwiebel darin bei geringer Temperatur glasig dünsten. Den Rotkohl auf die angedünsteten Zwiebeln geben, das Fleischbrühepulver sowie den Zucker darüberstreuen und mit ¼ l Wasser und dem Essig übergießen. Alles miteinander vermischen und dünsten lassen. Den Apfel schälen, vierteln, entkernen und in feine Spalten schneiden. Nachdem der Rotkohl 20 Minuten gedünstet wurde, die Apfelspalten auf den Rotkohl legen und fünf Minuten lang mitdünsten, bis der Apfel weich ist. Gelegentlich umrühren. Die Preiselbeeren unter den fertigen Rotkohl heben und mit Salz und Pfeffer abschmecken.

4. Die Zwiebeln schälen, in Scheiben schneiden und in dem verbliebenen Bratenansatz andünsten. Das Bratensoßenpulver und einen Liter Wasser zugeben und zum Kochen bringen. Zum Andicken das Brot in die Soße geben, bis es ganz weich ist und zerfällt. Die Soße pürieren und mit Salz und Pfeffer abschmecken.

Dazu schmecken Kartoffelknödel.

Roastbeef *mit Brokkoli, Steinpilzen und Kürbispüree*

ZUBEREITUNG:

1. Den Backofen auf 80° C vorheizen. Ein Abtropfblech in den Backofen stellen. Das Fleisch unter fließend kaltem Wasser abwaschen und mit Küchenkrepp trocken tupfen. Mit Meersalz und Pfeffer einreiben.

2. Das Olivenöl in einer Pfanne erhitzen. Das Fleisch rundherum in ca. sechs Minuten anbraten. Herausnehmen, etwas ruhen lassen und mit dem Senf bestreichen. Das Bratenthermometer an der dicksten Stelle des Roastbeefs platzieren. Das Fleisch auf einem Ofengitter ca. fünf Stunden auf der mittleren Backofenschiene garen. Die Kerntemperatur sollte ca. 50° C erreichen. Nach der Garzeit den Ofen ausschalten und das Fleisch noch etwas ruhen lassen.

3. Für das Püree den Kürbis schälen und in Spalten schneiden. Das faserige Fruchtfleisch und die Kürbiskerne wegwerfen und die Kürbisspalten würfeln. Die Kartoffeln waschen, schälen, würfeln und zusammen mit den Kürbiswürfeln und einem Teelöffel Salz ca. 20 Minuten in einem geschlossenen Topf garen. Eventuell etwas Wasser dazugeben. Die gegarten Kartoffel- und Kürbisstücke pürieren, die Sahne mit hineinrühren und mit Salz und Pfeffer würzen.

4. Den Brokkoli putzen, in Röschen teilen und waschen. In reichlich Salzwasser bissfest garen und über einem Sieb abtropfen lassen. Die Pinienkerne in einer beschichteten Pfanne ohne Fett kurz anrösten. Vorsicht, sie verbrennen schnell! Vor dem Servieren den Brokkoli mit Salz und Pfeffer würzen und mit den Pinienkernen bestreuen.

5. Die Steinpilze sauber abbürsten und eventuell das erdige Ende des Stiels abschneiden. Schadhafte Stellen abschneiden oder mit einem Messer abkratzen. Sind es große Steinpilze, den Schwamm unter der Kappe entfernen. Die gesäuberten Pilze in Stücke schneiden. Die Zwiebel schälen und würfeln. Die Butter in einer Pfanne erhitzen. Die Zwiebelwürfel und die Steinpilze ca. fünf bis zehn Minuten dünsten. Mit Salz und Pfeffer würzen und mit Petersilie dekorieren.

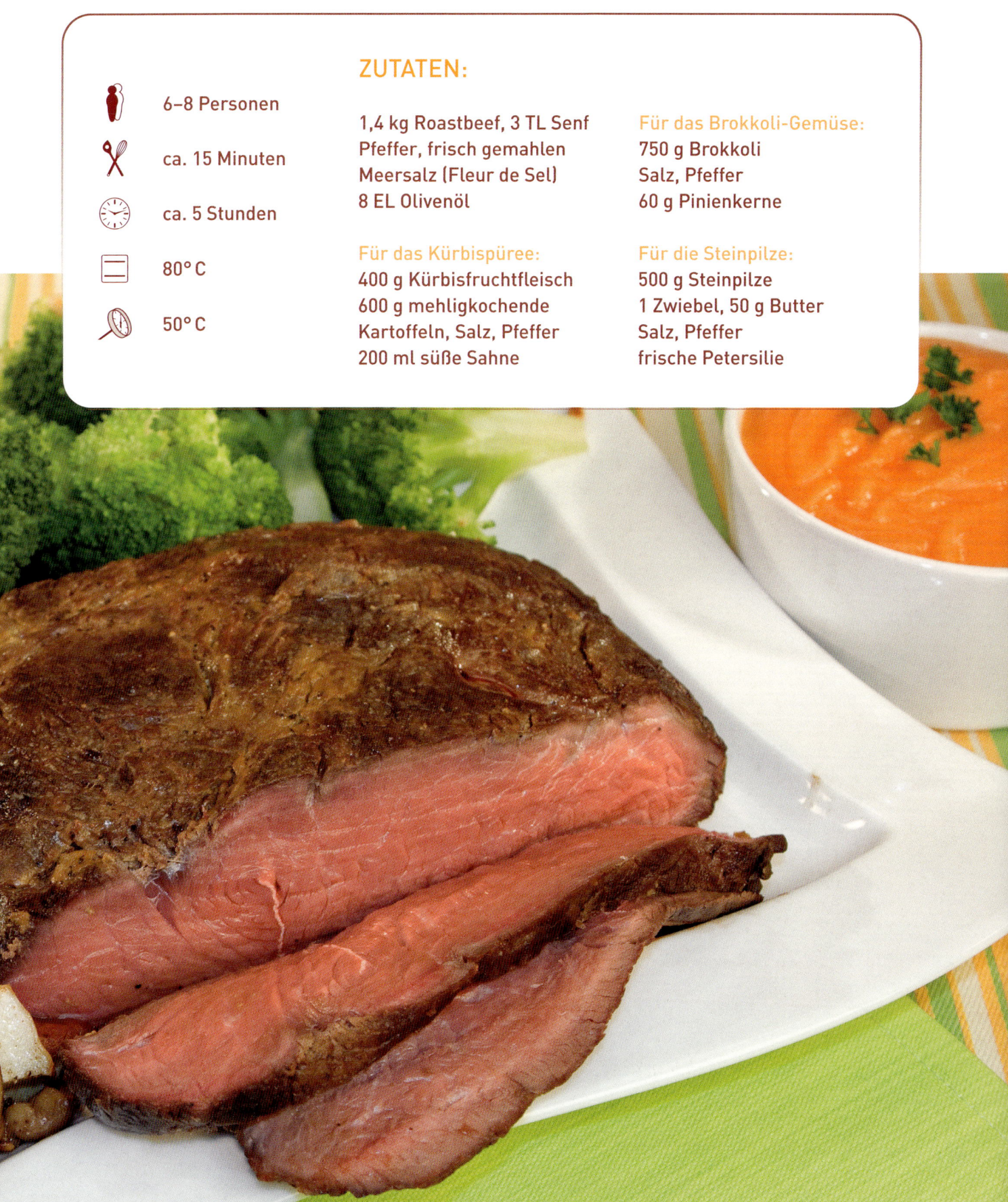

ZUTATEN:

6–8 Personen

ca. 15 Minuten

ca. 5 Stunden

80° C

50° C

1,4 kg Roastbeef, 3 TL Senf
Pfeffer, frisch gemahlen
Meersalz (Fleur de Sel)
8 EL Olivenöl

Für das Kürbispüree:
400 g Kürbisfruchtfleisch
600 g mehligkochende
Kartoffeln, Salz, Pfeffer
200 ml süße Sahne

Für das Brokkoli-Gemüse:
750 g Brokkoli
Salz, Pfeffer
60 g Pinienkerne

Für die Steinpilze:
500 g Steinpilze
1 Zwiebel, 50 g Butter
Salz, Pfeffer
frische Petersilie

Roastbeef-*Platte*

ZUBEREITUNG:

1. Den Backofen auf 80° C vorheizen. Ein Abtropfblech in den Backofen stellen. Das Fleisch unter fließend kaltem Wasser abwaschen und mit Küchenkrepp trocken tupfen. Mit Salz und Pfeffer würzen.

2. Das Olivenöl in einer Pfanne erhitzen. Das Fleisch rundherum in ca. vier Minuten anbraten. Herausnehmen, etwas ruhen lassen und mit dem Senf bestreichen. Das Bratenthermometer an der dicksten Stelle des Bratens platzieren. Das Fleisch auf einem Ofengitter ca. drei Stunden auf der mittleren Backofenschiene garen. Die Kerntemperatur sollte 50° C erreichen. Nach der Garzeit den Ofen ausschalten und das Roastbeef noch etwas ruhen lassen.

3. Die Sahne steif schlagen. Den Meerrettich schälen, mit Zitronensaft abreiben, damit er nicht braun wird, und dann fein reiben. Sofort mit der Sahne mischen und mit Zitronensaft, Zucker und einer Prise Salz würzen. Die Meerrettichsahne möglichst frisch zubereiten, ansonsten bis zur Verwendung abgedeckt in den Kühlschrank stellen.

4. Das Roastbeef mit der Brotschneidemaschine dünn aufschneiden und auf einer großen Platte anrichten. Die Platte mit Petersilie und einer aufgeschnittenen Sharonfrucht dekorieren.

   Mit der Meerrettichsahne servieren.

So geht's noch schneller …

Meerrettichsahne gibt's auch
schon fertig zu kaufen.

2–4 Personen

 ca. 15 Minuten

 ca. 3 Stunden

 80° C

 50° C

ZUTATEN:

500 g Roastbeef
1 TL Senf
4 EL Olivenöl
Salz
Pfeffer, frisch gemahlen

Für die Meerrettichsahne:
100 ml süße Sahne
20 g Meerrettich
4 TL Zitronensaft
½ TL Zucker
Salz

Für die Dekoration:
frische Petersilie
1 Sharonfrucht

Sauer*braten*

6 Personen

ca. 20 Min. Zubereitung
5–10 Tage Beize

ca. 6 Stunden

100° C

60° C

ZUTATEN:

1,3 kg Rind (aus der Schulter
oder vom Mittelbug)
etwas Mehl
50 g Butterschmalz
¼ l Fleischbrühe
1 EL Tomatenmark
½ Bund Petersilie
3 Zwiebeln
1 EL Bratensoße, instant
Salz, Pfeffer

Für die Beize:
1 l Essig
1 Zwiebel
4 Nelken
1 Lorbeerblatt
1 Petersilienwurzel
½ Sellerieknolle
10 Pfefferkörner

ZUBEREITUNG:

1. Zur Herstellung der Beize die Zwiebel
schälen und mit den Nelken spicken.
Die Petersilienwurzel und den Selle-
rie putzen, waschen und in Scheiben
schneiden. Einen Liter Wasser mit
dem Essig in einem Topf zum Kochen
bringen, alle Zutaten hineingeben und
ca. 15 Minuten aufkochen. Die Beize
erkalten lassen. Das Fleisch unter fließend kaltem Wasser abwaschen, mit
Küchenkrepp trocken tupfen und in
eine Schüssel legen. Die Beize darüber-
gießen und fünf bis zehn Tage marinieren. Ab und zu das Fleisch wenden.

2. Den Backofen auf 100° C vorheizen. Eine
feuerfeste, hohe Form darin vorwärmen.
Das Fleisch aus der Beize nehmen und
mit Küchenkrepp trocken tupfen. Die
Beize durch ein Sieb gießen und einen
¾ l abmessen.

3. Das in etwas Mehl gewendete Fleisch in
der Pfanne von allen Seiten in 40 g heißem Butterschmalz anbraten. Den Braten
herausnehmen und in die vorgewärmte

Form legen. Die Fleischbrühe und ¼ l
Beize in die Pfanne gießen, das Tomatenmark hineinrühren, aufkochen und
über den Braten gießen. Das Bratenthermometer an der dicksten Stelle des
Bratens platzieren. Auf einem Ofengitter
sechs Stunden im unteren Drittel des
Backofens garen. Die Kerntemperatur
sollte ca. 60° C erreichen. Nach der
Garzeit den Ofen ausschalten und den
Braten noch etwas ruhen lassen.

4. Die Zwiebeln schälen, würfeln und in
dem restlichen Butterschmalz dünsten.
Die Zwiebeln mit der Soße und der
restlichen Beize ablöschen, aufkochen
lassen und das Bratensoßenpulver
hineinrühren. Eventuell mit Salz und
Pfeffer abschmecken.

5. Die Petersilie waschen, trocken schütteln, von den Stielen zupfen und den
Braten damit dekorieren. Zum Sauer-
braten passen Semmelknödel mit gerösteten Semmelbröseln und Preiselbeeren.

Schweinerücken*braten*

ZUBEREITUNG:

1. Den Backofen auf 80° C vorheizen und eine feuerfeste, flache Form darin vorwärmen.

2. Das Fleisch unter fließend kaltem Wasser abwaschen und mit Küchenkrepp trocken tupfen.

3. Das Fleisch mit Salz, Pfeffer, Rosenpaprika und Sojasoße einreiben. Zwei Esslöffel Olivenöl über den Braten gießen, einreiben und etwas ruhen lassen. Den Braten mehrmals wenden.

4. In einer Pfanne das restliche Olivenöl erhitzen und das Fleisch bei starker Hitze in ca. zehn Minuten anbraten.

5. Das Bratenthermometer an der dicksten Stelle des Bratens platzieren. Den Braten in die vorgewärmte Form legen und auf einem Ofengitter ca. 4 ½ Stunden auf der unteren Backofenschiene garen. Die Kerntemperatur sollte ca. 65° C erreichen. Nach der Garzeit den Ofen ausschalten und den Braten noch etwas ruhen lassen.

6. Für die Soße die Zwiebeln schälen und vierteln. Den Knoblauch schälen und durch die Presse drücken.

7. Die Zwiebeln und den Knoblauch in der Pfanne mit dem Bratensatz andünsten. Mit ½ l Wasser auffüllen und zum Kochen bringen. Das Bratensoßenpulver hineinrühren. Das Mehl mit dem Schneebesen in ¼ l kaltem Wasser verquirlen, die Soße nach Bedarf andicken und pürieren. Mit Salz und Pfeffer abschmecken.

8. Den Braten aufschneiden, auf einem vorgewärmten Teller anrichten und mit Petersilie dekorieren. Dazu schmecken Salzkartoffeln und ein Tomatensalat.

8 Personen

 ca. 15 Minuten

 ca. 4 ½ Stunden

 80° C

 65° C

ZUTATEN:

1,5 kg Schweinerücken
7 EL Olivenöl
Salz
Pfeffer, frisch gemahlen
Rosenpaprika, scharf
Sojasoße
frische Petersilie

Für die Soße:
3 Zwiebeln (ca. 360 g)
2 Knoblauchzehen
1 EL Bratensoße, instant
1 EL Mehl
Salz
Pfeffer, frisch gemahlen

Schweinebauch *mit Bohnen*

👤 3 Personen

🍴 am Vorabend marinieren

🕐 ca. 5 Stunden Backofen
ca. 10 Minuten Grill

▭ 100° C

🌡 65° C

ZUTATEN:

1,4 kg Schweinebauch
3–4 EL Olivenöl zum
Marinieren, Salz, Pfeffer
1 TL Kümmel, 3 Zwiebeln
4 EL Olivenöl zum Anbraten

Für die Soße:
3 Zwiebeln
50 g Butterschmalz

1 EL Bratensoße, instant
1 EL Mehl
Salz, Pfeffer

Für die Bohnen:
400 g Bohnen
75 g mild geräucherter
Rohschinken, gewürfelt
1 Zwiebel
Salz
30 g Butterschmalz

ZUBEREITUNG:

1. Das Fleisch unter fließend kaltem Wasser abwaschen und mit Küchenkrepp trocken tupfen. Mit Salz und Pfeffer einreiben und mit dem Kümmel bestreuen. Etwas stehen lassen und dann mit drei bis vier Esslöffeln Olivenöl übergießen. Mehrere Stunden im Kühlschrank durchziehen lassen, dabei gelegentlich wenden.

2. Den Backofen auf 100° C vorheizen. Eine feuerfeste, flache Form darin vorwärmen. Die Zwiebeln schälen und in Streifen schneiden. In einer Pfanne vier Esslöffel Olivenöl erhitzen und das Fleisch von allen Seiten in etwa fünf Minuten anbraten. Mit der Schwarte nach oben in die vorgewärmte Form legen. Das Bratenthermometer an der dicksten Stelle des Bratens platzieren. Den Schweinebauch auf einem Ofengitter ca. fünf Stunden im unteren Drittel des Backofens garen. Die Kerntemperatur sollte ca. 65° C erreichen.

3. Die Zwiebelstreifen in der Pfanne mit dem Bratansatz anbraten und mit Salz und Pfeffer würzen. Nach vier Stunden Garzeit die Zwiebeln beilegen. Nach Ablauf der Garzeit den Grill auf Stufe 1 stellen und die Kruste des Bratens in ca. zehn Minuten knusprig aufspringen lassen. Anschließend den Ofen ausschalten und den Braten noch etwas ruhen lassen.

4. Für die Soße die Zwiebeln schälen und würfeln. Das Butterschmalz erhitzen und die Zwiebelwürfel glasig dünsten. ³⁄₄ l Wasser angießen, zum Kochen bringen, das Bratensoßenpulver hineinrühren und aufkochen. Das Mehl mit dem Schneebesen in ¹⁄₄ l kaltem Wasser verquirlen und die Soße nach Bedarf andicken. Mit Salz und Pfeffer abschmecken.

5. Die Bohnen waschen, beide Enden abschneiden und die Fäden abziehen. In Salzwasser bissfest garen. Die Zwiebel schälen und in feine Würfel schneiden. Das Butterschmalz in der Pfanne erhitzen, die Zwiebelwürfel glasig dünsten und die Schinkenwürfel kurz mit anbraten. Die abgetropften Bohnen unterheben. Dazu passen Semmelknödel.

Krustenbraten *mit Möhren und Drillingen*

ZUBEREITUNG:

1. Die Schwarte mit einem Teppichmesser einritzen. Das Fleisch unter fließend kaltem Wasser abwaschen und mit Küchenkrepp trocken tupfen. Mit Salz, Pfeffer, der Sojasoße und dem Kümmel einreiben. Etwas stehen lassen und dann mit 50 ml Olivenöl übergießen. Mehrere Stunden im Kühlschrank durchziehen lassen, dabei gelegentlich wenden.

2. Den Backofen auf 100°C vorheizen. Einen flachen Bräter darin vorwärmen. Die Zwiebeln schälen und würfeln. Die Möhren waschen, schälen und in ca. 5 cm lange Stifte schneiden.

3. Fünf Esslöffel Olivenöl in einer Pfanne erhitzen. Den Braten in ca. zehn Minuten von allen Seiten anbraten, in den vorgewärmten Bräter legen und warm stellen. Die Zwiebelwürfel im Bratenansatz anbraten und die Möhrenstifte kurz mit anbraten. Zwiebeln und Möhren im Bräter verteilen.

4. In der Pfanne ½ l Wasser zum Kochen bringen und das Bratensoßenpulver hineinrühren. Die Soße über die Möhren gießen. Das Bratenthermometer an der dicksten Stelle des Bratens platzieren. Den Braten mit der Schwarte nach oben auf einem Ofengitter ca. sechs Stunden im unteren Drittel des Backofens garen. Die Kerntemperatur sollte ca. 65°C erreichen.

5. Die Kartoffeln waschen, sauber bürsten und ca. zehn Minuten vorkochen. Nach ca. zwei Stunden Bratengarzeit die Kartoffeln unter die Zwiebeln und Möhren mischen. Nach weiteren vier Stunden den Backofengrill auf Stufe 1 stellen und für ca. zehn Minuten grillen. So erhält man eine knusprige Kruste. Nach der Garzeit den Ofen ausschalten und den Braten noch etwas ruhen lassen.

6 Personen

 ca. 45 Minuten
am Vorabend marinieren

 ca. 6 Stunden Backofen
ca. 10 Minuten Grill

 100° C

 65° C

ZUTATEN:

2,5 kg Schweine-
krustenbraten
Salz, Pfeffer
4–5 EL Sojasoße
1 TL Kümmel
50 ml Olivenöl zum
Marinieren

5 EL Olivenöl zum
Anbraten
2 EL Bratensoße, instant
2 Zwiebeln
750 g Möhren
1 kg kleine Kartoffeln
(Drillinge)

Schweine*rouladen*

ZUBEREITUNG:

1. Den Backofen auf 100° C vorheizen und eine feuerfeste Form darin vorwärmen. Die Tomaten enthäuten, indem man den Strunk entfernt und die Unterseite kreuzförmig einritzt. Die Tomaten mit reichlich kochendem Wasser übergießen. Wenn sich die eingeritzte Haut rollt, die Tomaten aus dem heißen Wasser nehmen und mit kaltem Wasser abschrecken. Jetzt kann man die Haut mit einem spitzen Messer einfach abziehen. Die Tomaten halbieren, entkernen und in Streifen schneiden.

2. Die Zwiebeln schälen und in Streifen schneiden. In einer Pfanne in wenig von dem Butterschmalz andünsten. Für die Füllung das Hackfleisch mit Salz, Pfeffer und Muskatnuss würzen.

3. Die Rouladen unter fließend kaltem Wasser abwaschen und trocken tupfen. Mit Senf bestreichen und mit Salz und Pfeffer würzen. Das Hackfleisch sowie die Zwiebel- und Tomatenstreifen auf je $^2/_3$ der ausgebreiteten Rouladen verteilen. Die Rouladen vorsichtig, sodass alles schön verteilt bleibt, aufrollen und mit Zwirn zusammenbinden oder mit Zahnstochern zusammenstecken.

4. In der Pfanne das restliche Butterschmalz erhitzen, die Rouladen in ca. fünf Minuten von allen Seiten anbraten und in die vorgewärmte Form legen. Das Bratenthermometer in einer Roulade platzieren. $^1/_2$ l Wasser zum Kochen bringen und das Bratensoßenpulver hineinrühren. Die Bratensoße über die Rouladen gießen und auf einem Ofengitter ca. 4 $^1/_2$ Stunden im unteren Drittel des Backofens garen. Die Kerntemperatur sollte ca. 65° C erreichen. Nach der Garzeit den Ofen ausschalten und die Rouladen noch etwas ruhen lassen.

5. Die Soße in einem Topf kurz aufkochen lassen. Das Mehl mit dem Schneebesen in $^1/_4$ l kaltem Wasser verquirlen und die Soße nach Bedarf damit andicken. Mit Salz und Pfeffer abschmecken.

6. Das Gemüse putzen, in Röschen teilen und waschen. In reichlich Salzwasser bissfest garen. Für die Sauce Hollandaise die Butter in einem Topf langsam schmelzen lassen. Im Wasserbad die Eigelbe mit etwas Salz schaumig rühren. Unter Rühren langsam die geschmolzene Butter zugeben. Mit dem Zitronensaft und Pfeffer abschmecken. Das Gemüse und die Schweinerouladen auf eine Platte legen und die Sauce Hollandaise dazu reichen.

4 Personen

 ca. 50 Minuten

 ca. 4 ½ Stunden

 100° C

 65° C

ZUTATEN:

Für die Rouladen:
4 Schweinerouladen
aus der Oberschale
300 g Hackfleisch
2 Zwiebeln, 3 Tomaten
50 g Butterschmalz
Salz, Pfeffer, Senf
Muskatnuss
reißfester Zwirn
oder Zahnstocher

Für die Soße:
1 EL Bratensoße,
instant
1 EL Mehl
Salz, Pfeffer

Für das Gemüse:
½ Blumenkohl
½ Romanesco
½ Brokkoli

**Für die Sauce
Hollandaise:**
250 g Butter
3 Eigelb
Salz, Pfeffer
1 EL Zitronensaft

Schweine*nuss*

6 Personen

ca. 10 Minuten

ca. 8 Stunden

100° C

70° C

ZUTATEN:

1,2 kg hohe Schweinenuss
Salz, Pfeffer
Butterschmalz

Für die Soße:
1 Zwiebel
1 EL Bratensoße, instant
1 EL Mehl
Salz, Pfeffer
frische Petersilie

Für das Wirsinggemüse:
1 Kopf Wirsing
30 g Butterschmalz
1 Zwiebel
Salz, Pfeffer
Muskatnuss, frisch
gemahlen

ZUBEREITUNG:

1. Den Backofen auf 100° C vorheizen und eine feuerfeste Form darin vorwärmen. Das Fleisch unter fließend kaltem Wasser abwaschen und mit Küchenkrepp trocken tupfen. Mit Salz und Pfeffer würzen.

2. Das Butterschmalz in einer Pfanne erhitzen und das Fleisch in zehn Minuten von allen Seiten anbraten. In die vorgewärmte Form legen und das Bratenthermometer an der dicksten Stelle des Bratens platzieren. Auf einem Ofengitter ca. acht Stunden im unteren Drittel des Backofens garen. Die Kerntemperatur sollte ca. 70° C erreichen. Nach der Garzeit den Ofen ausschalten und den Braten noch etwas ruhen lassen.

3. Für die Soße die Zwiebel schälen, würfeln und in dem Bratensatz andünsten. Mit ½ l Wasser auffüllen und zum Kochen bringen. Das Bratensoßenpulver hineinrühren. Das Mehl mit dem Schneebesen in ¼ l kaltem Wasser verquirlen, die Soße nach Bedarf damit andicken und pürieren. Mit Salz und Pfeffer abschmecken. Vor dem Servieren mit Petersilie bestreuen.

4. Vom Wirsing die schadhaften Blätter entfernen, den Wirsingkopf vierteln, den Strunk entfernen, die Blätter grob zerkleinern, waschen und blanchieren. Die Zwiebel schälen und würfeln. In einem großen Topf das Butterschmalz erhitzen und die Zwiebelwürfel darin glasig dünsten. Das klein gehackte Wirsinggemüse dünsten und mit Salz, Pfeffer und Muskatnuss würzen.

Dazu reichen Sie Nudeln.

Hähnchen*schenkel*

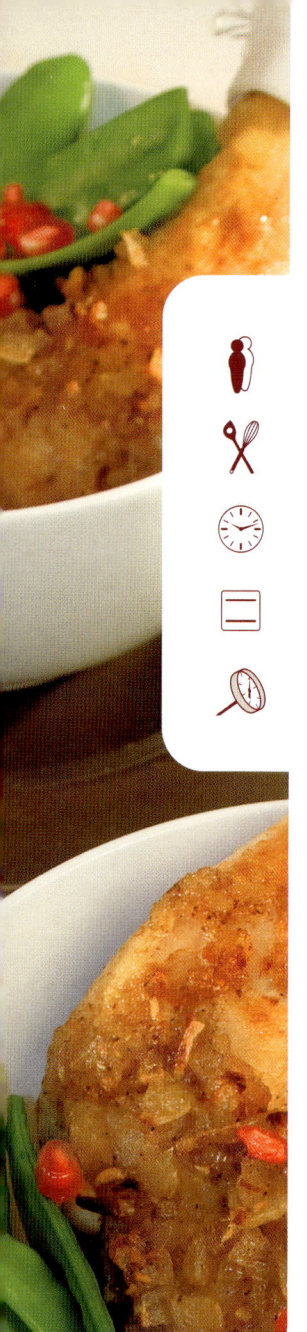

4 Personen

ca. 20 Minuten

ca. 2 ½ Stunden

100° C

70° C

ZUTATEN:

4 Hähnchenschenkel
(ca. 1,1 kg)
80 g Butterschmalz
Salz
Pfeffer
Paprikapulver
4 Zwiebeln

Für die Erbsenschoten:
500 g Erbsenschoten
Salz, Pfeffer
30 g Butter

Für die Dekoration:
1 Granatapfel

ZUBEREITUNG:

1. Den Backofen auf 100° C vorheizen. Eine feuerfeste Form darin vorwärmen. Die Hähnchenschenkel unter fließend kaltem Wasser abwaschen und mit Küchenkrepp trocken tupfen. Mit Salz, Pfeffer und Paprikapulver einreiben. Die Zwiebeln schälen.

2. In einer Pfanne 50 g Butterschmalz erhitzen und die Hähnchenschenkel in drei Minuten von allen Seiten anbraten. Die Hähnchenschenkel in die vorgewärmte Form legen.

3. Die Zwiebeln würfeln. In der Pfanne mit dem Bratansatz das restliche Butterschmalz erhitzen, die Zwiebeln zehn Minuten dünsten und auf die angebratenen Hähnchenschenkel legen. Das Bratenthermometer an der dicksten Stelle eines Schenkels platzieren. Darauf achten, dass die Spitze des Thermometers den Knochen nicht berührt. Die Hähnchenschenkel auf einem Ofengitter ca. 2 ½ Stunden auf der mittleren

Backofenschiene garen. Die Kerntemperatur sollte ca. 70° C erreichen. Nach der Garzeit den Ofen ausschalten und die Hähnchenschenkel noch etwas ruhen lassen.

4. Die Erbsenschoten in gesalzenem, heißem Wasser ca. zwei Minuten kochen und anschließend kalt abschrecken. Die Butter in einem Topf erhitzen und die Erbsenschoten darin schwenken. Mit Salz und Pfeffer abschmecken.

Methode zum Herauslösen der Granatapfelsamen:

Das Öffnen der Frucht geht am leichtesten, wenn man kreisförmig um die Blüte herumschneidet, sie dann heraushebt und die Frucht auseinanderzieht. Lassen sich die weißen Fasern zwischen den einzelnen Kammern schwer entfernen und gehen die Kerne schwer heraus, dann ist das ein Zeichen, dass die Frucht nicht ausgereift ist.

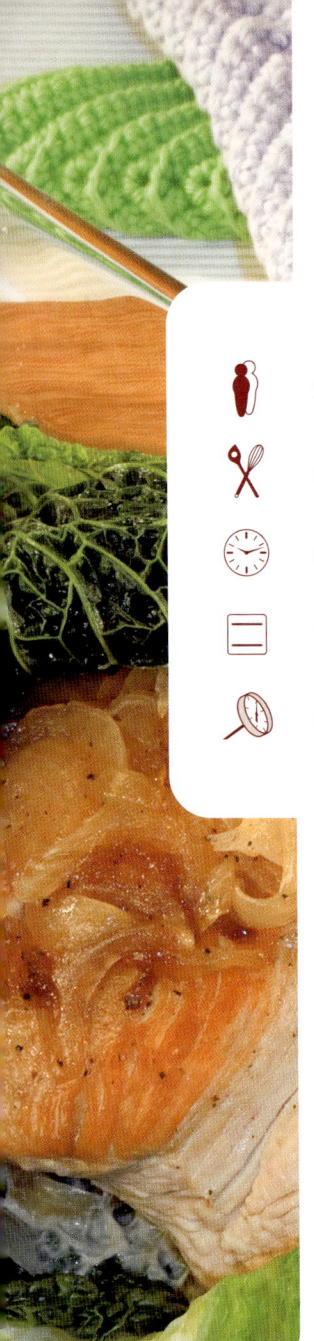

Putenbrust *im Wirsingmantel*

👤 5–6 Personen

🍴 ca. 40 Minuten

🕐 ca. 2 ½ Stunden

▱ 100° C

🔍 60° C

ZUTATEN:

1,1 kg Putenbrust
70 g Butterschmalz
4 Zwiebeln
4 große Wirsingblätter
Salz
Paprikapulver
schwarzer Pfeffer, frisch
gemahlen
Zahnstocher

ZUBEREITUNG:

1. Den Backofen auf 100° C vorheizen. Eine feuerfeste Glasform darin vorwärmen. Das Fleisch unter fließend kaltem Wasser abwaschen und mit Küchenkrepp trocken tupfen. Die Zwiebeln schälen und in Scheiben schneiden.

2. In einem Topf Salzwasser zum Kochen bringen, die Wirsingblätter ins Wasser legen, mit dem Rührlöffel etwas nach unten drücken und das Ganze nochmals aufwallen lassen. In eine Schüssel frisches kaltes Wasser füllen. Die Wirsingblätter aus dem kochenden Wasser nehmen und sofort in das kalte Wasser legen. Über einem Sieb abtropfen lassen.

3. In einer Pfanne das Butterschmalz erhitzen und die Putenbrust in zehn Minuten von allen Seiten anbraten. Den Braten auf zwei große Wirsingblätter in die vorgewärmte Glasform legen, mit Salz, Paprikapulver und frisch gemahlenem Pfeffer würzen.

4. In der Pfanne die Zwiebelscheiben anbraten und mit Salz und Pfeffer würzen. Die Zwiebeln auf dem Braten verteilen. Mit den restlichen beiden Wirsingblättern abdecken und die Wirsingblätter mit Zahnstochern aneinander feststecken. Das Bratenthermometer an der dicksten Stelle des Bratens platzieren. Auf einem Ofengitter ca. 2 ½ Stunden auf der unteren Backofenschiene garen. Die Kerntemperatur sollte ca. 60° C erreichen. Nach der Garzeit den Ofen ausschalten und den Braten noch etwas ruhen lassen.

Putenbraten *mit Blumenkohl und Zucchini*

ZUBEREITUNG:

1. Den Braten unter fließend kaltem Wasser abwaschen und mit Küchenkrepp trocken tupfen. Über Nacht in einer Marinade aus Salz, Pfeffer und Sojasoße einlegen.

2. Die Zwiebeln schälen und grob in Stücke schneiden. Ein Stück Bratenschlauch in der Größe des Bratens zuschneiden. Achtung: Ausreichend Schlauch zum Zubinden berücksichtigen! Den Backofen auf 100° C vorheizen.

3. In der Pfanne das Rapskernöl erhitzen und den Braten in zwei bis drei Minuten von allen Seiten anbraten.

4. Die Knoblauchzehe und den Ingwer schälen, den Knoblauch mit der Knoblauchpresse zerkleinern und den Ingwer ganz klein würfeln. Beides miteinander vermischen und den Braten damit bestreichen.

5. Den Braten in den Bratenschlauch auf die Zwiebeln legen und den Bratenschlauch nach Packungsanweisung verschließen. Das Bratenthermometer durch den Schlauch an der dicksten Stelle des Bratens platzieren. Auf einem Ofengitter

ca. 2 ½ Stunden auf der mittleren Backofenschiene garen. Die Kerntemperatur sollte ca. 60° C erreichen. Nach der Garzeit den Ofen ausschalten und den Braten noch etwas ruhen lassen.

6. Den Blumenkohl putzen, in Röschen teilen und waschen. 50 g Margarine und ¼ l Wasser mit einer Prise Salz in einem Topf köcheln lassen. Den abgetropften Blumenkohl dazugeben und abgedeckt in etwa 20 Minuten gar ziehen lassen. Kurz vor dem Servieren die Butter in einer Pfanne braun werden lassen und über den Blumenkohl gießen.

7. Die Zucchini waschen und in 1 cm dicke Scheiben schneiden. Die Zwiebel schälen und fein würfeln. Die restliche Margarine in einem Topf erhitzen, die Zwiebelwürfel glasig dünsten, die Zucchinischeiben hinzufügen und kurz anbraten. Mit Pfeffer und Salz würzen.

8. Den Braten aufschneiden und mit Kresse bestreuen. Mit dem Blumenkohl sowie dem Zucchinigemüse auf Tellern anrichten.

8 Personen

 ca. 40 Minuten
am Vorabend marinieren

 ca. 2 ½ Stunden

 100° C

 60° C

ZUTATEN:

Für den Braten:
1,6 kg Putenbrust
½ TL Salz
Pfeffer
Sojasoße
50 ml Rapskernöl
1 Knoblauchzehe
20 g Ingwer (ca. 6 cm)

2 Zwiebeln (ca. 100 g)
1 Schale Kresse

Für das Gemüse:
1 Blumenkohl
4 kleine Zucchini
1 Zwiebel
100 g Margarine
100 g Butter
Salz, Pfeffer

Putenbrust *mit Steinchampignons*

4 Personen

ca. 40 Minuten

ca. 2 ½ Stunden

100° C

60° C

ZUTATEN:

800 g Putenbrust
40 g Butterschmalz
Salz, Pfeffer
1 Zwiebel

Für die Pilze:
500 g Steinchampignons
30 g Butter
½ Bund Petersilie
Salz, Pfeffer

Für das Wirsinggemüse:
1 Kopf Wirsing
30 g Butterschmalz
1 Zwiebel
200 ml süße Sahne
Salz
Pfeffer
Muskatnuss, frisch
gemahlen

ZUBEREITUNG:

1. Den Backofen auf 100° C vorheizen. Eine feuerfeste Form darin vorwärmen. Das Fleisch unter fließend kaltem Wasser abwaschen und mit Küchenkrepp trocken tupfen. Die Zwiebel schälen und in grobe Stücke schneiden.

2. In einer Pfanne das Butterschmalz erhitzen, die Putenbrust in fünf Minuten von allen Seiten anbraten, salzen und pfeffern. Den Braten in die vorgewärmte Form legen. In der Pfanne mit dem Bratenansatz die Zwiebelstücke dünsten und dann auf dem Braten verteilen. Das Bratenthermometer an der dicksten Stelle des Bratens platzieren. Auf einem Ofengitter ca. 2 ½ Stunden im unteren Drittel des Backofens garen. Die Kerntemperatur sollte ca. 60° C erreichen. Nach der Garzeit den Ofen ausschalten und den Braten noch etwas ruhen lassen.

3. Vom Wirsing die schadhaften Blätter entfernen, den Wirsingkopf vierteln, den Strunk entfernen, die Blätter grob zerkleinern, waschen und blanchieren. Den blanchierten Wirsing durch den Fleischwolf drehen. Die Zwiebel schälen und würfeln. In einem großen Topf das Butterschmalz erhitzen und die Zwiebelwürfel darin hellgelb anschwitzen. Das Wirsinggemüse dazugeben und kurz mitdünsten lassen. Mit der Sahne aufgießen und mit Salz, Pfeffer und Muskatnuss würzen. Etwa 15 Minuten bei geringer Hitze garen.

4. Die Champignons mit einem Pilz- oder Kuchenpinsel säubern. Nicht waschen, da sie sich schnell mit Wasser vollsaugen und an Geschmack verlieren! Die Stielenden abschneiden und die Pilze vierteln. Die Butter in einer Pfanne schmelzen, die Champignons hinzufügen und fünf Minuten dünsten. Mit Salz und Pfeffer abschmecken. Die Petersilie waschen, trocken schütteln und klein schneiden. Kurz vor dem Servieren die Petersilie unter die Pilze heben.

Weihnachts*gans*

6 Personen

ca. 1 Std. (ohne Angießen)

8½–9 Stunden

100° C

80° C

ZUTATEN:

1 Gans (3 kg)
100 g Butterschmalz
1 EL Beifuss, getrocknet
Salz, Pfeffer, Zahnstocher

Für die Füllung:
3 altbackene Brötchen
180 ml Milch

2 große Äpfel, 2 Eier
1 Bund Petersilie, Salz
Pfeffer, Muskatnuss

Für die Glasur:
3 EL Quittengelee
6 TL Worcestersoße
6 TL Senf, scharf
Chilipulver nach
Geschmack

ZUBEREITUNG:

1. Eventuell beigepackte Innereien entfernen. Die Gans unter fließend kaltem Wasser abwaschen und mit Küchenkrepp trocken tupfen. Den Backofen auf 100° C vorheizen.

2. Für die Füllung die Brötchen in Würfel schneiden und die erhitzte Milch über die Brotwürfel gießen. Die Äpfel waschen, vierteln, entkernen und in grobe Stücke schneiden. Die Petersilie waschen, trocken schütteln und klein hacken. Aus Brotwürfeln, Apfelstücken, den Eiern und der Petersilie eine Masse herstellen und mit Muskatnuss, Salz und Pfeffer abschmecken.

3. Die Gans innen salzen, pfeffern, mit der vorbereiteten Masse füllen und mit den Zahnstochern verschließen. Die Haut der Gans kräftig salzen.

4. Das Butterschmalz in einem Bräter erhitzen. Die Gans in ca. ½ Stunde anbraten. Zuerst mit der Brustseite nach unten, dann wenden und weiter anbraten. Den Beifuss hinzufügen.

Das Bratenthermometer in dem Fleisch an den Schenkelinnenseiten platzieren. Darauf achten, dass die Spitze des Thermometers den Knochen nicht berührt. Die Gans auf einem Ofengitter 8 ½ bis 9 Stunden auf der unteren Backofenschiene garen. Die Kerntemperatur sollte ca. 80° C erreichen. Die Gans immer wieder mit dem Bratfett übergießen. Nach ca. drei Stunden wenden.

5. Für die Glasur das Quittengelee mit der Worcestersoße und dem Senf verrühren und mit dem Chilipulver abschmecken. In der letzten Bratstunde die Gans immer wieder mit der Glasur bepinseln. Nach der Garzeit den Ofen ausschalten und die Gans noch etwas ruhen lassen. Richten Sie die Gans auf einer Platte an. Die Füllung ist die Beilage. Dazu servieren Sie einen frischen Feldsalat und gedünstete Apfelscheiben.

Entenbrust *mit Feldsalat*

👤 2 Personen

🍴 ca. 20 Minuten

🕐 ca. 5 Stunden

▭ 80° C

🔍 60° C

ZUTATEN:

1 Entenbrust (ca. 380–400 g)
1 EL Butterschmalz
Meersalz, Pfeffer

Für den Salat:
300 g Feldsalat
150 g Himbeeren
4 EL Mandelblätter

1 Zwiebel
Salz, Pfeffer
1 TL Zucker
1 EL Essig
3 EL Öl

Für die Dekoration:
Balsamico-Creme

ZUBEREITUNG:

1. Den Backofen auf 80° C vorheizen. Ein Abtropfblech in den Backofen stellen. Die Entenbrust unter fließend kaltem Wasser abwaschen und mit Küchenkrepp trocken tupfen. Mit Salz und Pfeffer würzen.

2. Das Butterschmalz in einer Pfanne erhitzen. Die Entenbrust auf der Hautseite ca. zehn Minuten anbraten, wenden und weitere fünf Minuten anbraten. Das Bratenthermometer an der dicksten Stelle der Entenbrust platzieren. Mit der Hautseite nach oben die Entenbrust auf einem Ofengitter ca. fünf Stunden auf der mittleren Backofenschiene garen. Die Kerntemperatur sollte ca. 60° C erreichen. Nach der Garzeit den Ofen ausschalten und die Entenbrust noch etwas ruhen lassen.

3. Vom Feldsalat die Wurzeln entfernen und gut waschen. Die Himbeeren verlesen. Die Zwiebel schälen und sehr fein würfeln. Mit Salz, Zucker, Pfeffer und dem Essig anrühren. Kurz vor dem Anmachen das Öl hinzufügen. Die Mandelblätter in einer beschichteten Pfanne ohne Fett kurz anrösten. Vorsicht, sie verbrennen schnell!

4. Die Teller mit der Balsamico-Creme verzieren. Die Entenbrust in dünne Scheiben aufschneiden und den Salat anmachen. Beides auf dem vorbereiteten Teller anrichten und mit den gerösteten Mandelblättern bestreuen.

Auch schön als Vorspeise zum großen Dinner ...

Lässt sich gut vorbereiten. Eignet sich hervorragend als Vorspeise oder kleine Mahlzeit. Für mehr Personen – Rezept einfach entsprechend erweitern.

Enten*brust*

👤 4 Personen

✂ ca. 20 Minuten

🕐 ca. 5 Stunden

▭ 80° C

🌡 60° C

ZUTATEN:

2 Entenbrüste à ca. 380–400 g
1 EL Butterschmalz
Meersalz
Pfeffer

Für die Soße:
400 ml Entenfond
1 Zwiebel
1 Orange
1 EL Mehl
1 EL Bratensoße, instant
Salz
Pfeffer

ZUBEREITUNG:

1. Den Backofen auf 80° C vorheizen. Ein Abtropfblech in den Backofen stellen. Die Entenbrüste unter fließend kaltem Wasser abwaschen und mit Küchenkrepp trocken tupfen. Mit Salz und Pfeffer würzen.

2. Das Butterschmalz in einer Pfanne erhitzen. Die Entenbrüste auf der Hautseite ca. zehn Minuten anbraten, wenden und weitere fünf Minuten anbraten. Das Bratenthermometer an der dicksten Stelle einer Entenbrust platzieren. Mit der Hautseite nach oben die Entenbrüste auf einem Ofengitter ca. fünf Stunden auf der mittleren Backofenschiene garen. Die Kerntemperatur sollte ca. 60° C erreichen. Nach der Garzeit den Ofen ausschalten und die Entenbrüste noch etwas ruhen lassen.

3. Für die Soße die Orange auspressen. Die Zwiebel schälen und klein schneiden. In der Pfanne mit dem Bratansatz die Zwiebel glasig dünsten. Den Entenfond dazugießen und auf die Hälfte der Flüssigkeit einkochen lassen. Das Bratensoßenpulver und den Orangensaft hineinrühren. Das Mehl mit dem Schneebesen in ¼ l kaltem Wasser verquirlen und die Soße nach Bedarf andicken. Mit Salz und Pfeffer abschmecken.

Dazu schmecken Kartoffelbrei und ein Salat aus Lollo Bianco und Radicchio.

Denn das Auge isst mit …

Den Kartoffelbrei in einen Spritzbeutel mit Sterntülle füllen und auf die Teller spritzen. Mit frisch gemahlenem Pfeffer eine schöne Dekoration.

Hohe *Kalbsnuss*

4 Personen

ca. 15 Minuten

ca. 4 Stunden

80°C

60°C

ZUTATEN:

800 g hohe Kalbsnuss
Salz
Pfeffer
2 EL Sojasoße
5 EL Olivenöl

Für die Soße:
2 Zwiebeln
2 EL Olivenöl
1 EL Bratensoße, instant
3 Mandarinen
1 EL Mehl
Salz
Pfeffer

ZUBEREITUNG:

1. Den Backofen auf 80°C vorheizen. Eine feuerfeste, flache Form darin vorwärmen. Das Fleisch unter fließend kaltem Wasser abwaschen und mit Küchenkrepp trocken tupfen.

2. Das Fleisch mit Salz, Pfeffer und Sojasoße würzen. Das Olivenöl über den Braten gießen, einreiben und etwas ruhen lassen.

3. Die Zwiebeln schälen und in grobe Stücke schneiden. In einer Pfanne das Fleisch von allen Seiten in ca. sechs Minuten anbraten und dann herausnehmen.

4. Für die Soße in der Pfanne mit dem Bratenansatz das Olivenöl erhitzen und die Zwiebelstücke darin andünsten. Die Zwiebelstücke in die vorgewärmte Form legen und den Braten daraufsetzen.

5. Das Bratenthermometer an der dicksten Stelle des Bratens platzieren. Auf einem Ofengitter ca. vier Stunden im unteren Drittel des Backofens garen. Die Kerntemperatur sollte ca. 60°C erreichen. Nach der Garzeit den Ofen ausschalten und den Braten noch etwas ruhen lassen.

6. Den Bratensaft und die Zwiebeln in einen Topf geben. Mit ½ l Wasser auffüllen und zum Kochen bringen. Das Bratensoßenpulver hineinrühren und aufkochen lassen. Das Mehl mit dem Schneebesen in ¼ l kaltem Wasser verquirlen, die Soße nach Bedarf andicken und pürieren. Mit Salz und Pfeffer abschmecken. Die Mandarinen sorgfältig schälen und in Spalten teilen. Vor dem Servieren der Soße hinzufügen.

Dazu schmecken Nudeln und Tomatensalat.

Semmerrolle *vom Kalb*

👤 4 Personen

🍴 ca. 15 Minuten

🕐 ca. 2 Stunden

▭ 90° C

🌡 55° C

ZUTATEN:

700 g Kalbfleisch
(Unterschale, Keule)
50 g Butterschmalz
2 Zwiebeln
2 Zucchini
1 Möhre
Salz
Pfeffer, frisch gemahlen

Für die Steinpilze:
500 g Steinpilze
1 Zwiebel
50 g Butter
Salz
Pfeffer

ZUBEREITUNG:

1. Den Backofen auf 90° C vorheizen. Eine feuerfeste Form darin vorwärmen.

2. Das Fleisch unter fließend kaltem Wasser abwaschen und mit Küchenkrepp trocken tupfen. Mit Salz und Pfeffer würzen.

3. Die Zwiebeln schälen und in Streifen schneiden. Die Zucchini und die Möhre waschen. Die Möhre schälen und mit der Zucchini in Scheiben schneiden.

4. Das Butterschmalz in einer Pfanne erhitzen. Das Fleisch rundherum in zehn Minuten scharf anbraten. Herausnehmen und warm stellen.

5. Die Zwiebeln in der Pfanne mit dem Bratenansatz anbraten. Die Möhrenscheiben hinzufügen und acht bis zehn Minuten dünsten. Am Schluss die Zucchinischeiben dazugeben und kurz darin schwenken. Mit Salz und Pfeffer würzen. Das Gemüse in der vorgewärmten Form verteilen und den Braten darauflegen. Das Bratenthermometer an der dicksten Stelle des Bratens platzieren. Auf einem Ofengitter ca. zwei Stunden auf der mittleren Backofenschiene garen. Die Kerntemperatur sollte ca. 55° C erreichen. Nach der Garzeit den Ofen ausschalten und den Braten noch etwas ruhen lassen.

6. Die Steinpilze sauber abbürsten und eventuell das erdige Ende des Stiels abschneiden. Schadhafte Stellen abschneiden oder mit einem Messer abkratzen. Sind es große Steinpilze, den Schwamm unter der Kappe entfernen. Die gesäuberten Pilze in Stücke schneiden. Die Zwiebel schälen und würfeln. Die Butter in einer Pfanne erhitzen. Die Zwiebelwürfel und die Steinpilze ca. fünf bis zehn Minuten andünsten. Mit Salz und Pfeffer würzen.

7. Die Semmerrolle aufschneiden und mit dem Gemüse auf einer Platte anrichten. Die Steinpilze dazulegen. Dazu schmeckt Feldsalat.

Falsches Filet – *Kalbsbratenplatte mit Früchten*

4 Personen

ca. 15 Minuten

ca. 12 Stunden

80° C

60° C

ZUTATEN:

800 g Kalbfleisch (Falsches Filet)
40 g Butterschmalz
Salz
Pfeffer
100 g Frischkäse
10 ml Milch
1 Dose (= 300 g) Mandarinen
1 Henkel Weintrauben, kernlos

Für die Dekoration:
einige Blätter Feldsalat
etwas Kresse

ZUBEREITUNG:

1. Den Backofen auf 80° C vorheizen. Ein Abtropfblech in den Backofen stellen. Das Fleisch unter fließend kaltem Wasser abwaschen und mit Küchenkrepp trocken tupfen. Mit Salz und Pfeffer würzen.

2. Das Butterschmalz in einer Pfanne erhitzen. Das Fleisch rundherum in vier bis sechs Minuten scharf anbraten. Das Bratenthermometer an der dicksten Stelle des Bratens platzieren. Auf einem Ofengitter ca. zwölf Stunden auf der mittleren Backofenschiene garen. Die Kerntemperatur sollte ca. 60° C erreichen. Nach der Garzeit den Ofen ausschalten und das Filet noch etwas ruhen lassen.

3. Den abgekühlten Braten mit der Brotschneidemaschine in dünne Scheiben schneiden. Die Scheiben auf einer Platte dekorativ anrichten. Mit den gewaschenen Weintrauben und den gut abgetropften Mandarinen dekorieren.

4. Den Frischkäse mit der Milch aufrühren. In einen Spritzbeutel mit Sterntülle füllen und Frischkäserosetten auf eine Scheibe bzw. in eine aufgerollte Scheibe spritzen. Die Platte mit Feldsalat und Kresse verzieren.

Dazu schmecken Früchte wie z. B. Aprikosen, Butter und frisches Baguette.

Flache *Kalbsnuss*

4 Personen

ca. 20 Minuten

ca. 7 Stunden

80° C

60° C

ZUTATEN:

800 g flache Kalbsnuss
50 g Pflanzenfett
2 Gemüsezwiebeln
Salz
Pfeffer
½ TL Paprikapulver

Für die Möhren:
1 kg Möhren
Salz, Pfeffer
Muskatnuss
1 EL Mehl
1 Zwiebel
40 g Margarine
½ Bund Petersilie

ZUBEREITUNG:

1. Den Backofen auf 80° C vorheizen. Eine feuerfeste, flache Form darin vorwärmen. Das Fleisch unter fließend kaltem Wasser abwaschen und mit Küchenkrepp trocken tupfen.

2. Die Zwiebeln schälen, halbieren und in feine Streifen schneiden.

3. Das Fleisch mit Salz und Pfeffer würzen. In einer Pfanne in dem erhitzten Pflanzenfett in fünf Minuten rundum anbraten und in die vorgewärmte Form legen. Die Zwiebelstreifen im verbliebenen Bratenansatz glasig dünsten und mit Salz, Pfeffer und dem Paprikapulver würzen. Die Zwiebelstreifen auf dem Braten verteilen. Das Bratenthermometer an der dicksten Stelle des Bratens platzieren. Den Braten auf einem Ofengitter ca. sieben Stunden im unteren Drittel des Backofens garen. Die Kerntemperatur sollte ca. 60° C erreichen. Nach vier Stunden Garzeit die Zwiebelstreifen vom Braten herunter an die Seite des Bratens schieben. Nach weiteren drei Stunden Garzeit den Ofen ausschalten und den Braten noch etwas ruhen lassen.

4. Die Petersilie waschen, trocken schütteln und klein schneiden. Die Möhren waschen, schälen und in Scheiben schneiden. In Salzwasser blanchieren, über ein Sieb gießen und dabei die Gemüsebrühe auffangen. Die Zwiebel schälen und klein würfeln. In der erhitzten Margarine die Zwiebelwürfel glasig dünsten und das Mehl darüberstäuben. Nach und nach unter ständigem Weiterrühren mit der Gemüsebrühe auffüllen, bis eine sämige Soße entsteht. Mit Salz, Pfeffer und Muskatnuss abschmecken. Die Möhren der Soße hinzufügen und die Petersilie darüberstreuen. Die Zwiebeln sind eine leckere Beilage.

Lammkeule *mit Petersilienauflage*

8 Personen

ca. ½ Stunde

ca. 4 ½ Std. Backofen
ca. 15 Minuten Grill

90° C

60° C

ZUTATEN:

1,8 kg Lammkeule, entbeint
1 Zitrone, 4 EL Olivenöl, Salz
Pfeffer, frisch gemahlen

Für die Petersilienauflage:
10 EL Olivenöl
2 große Bund glatte Petersilie
6 Knoblauchzehen

6 EL Semmelbrösel
75 g Parmesan,
frisch gerieben
6 EL Butterschmalz

Für die Beilagen:
1,5 kg Kartoffeln
800 g Tomaten

ZUBEREITUNG:

1. Den Backofen auf 90° C vorheizen. Die Kartoffeln waschen, schälen und in 1 cm dicke Scheiben schneiden. In Salzwasser gut zehn Minuten vorkochen. Die Tomaten enthäuten.

2. Von der Lammkeule das äußere Fett und Sehnen entfernen, unter fließend kaltem Wasser abwaschen und mit Küchenkrepp trocken tupfen. Die Zitrone auspressen, die Lammkeule mit dem Zitronensaft einreiben und etwas ruhen lassen.

3. Die Petersilie waschen, trocken schütteln und klein hacken. Den Knoblauch schälen und durch die Knoblauchpresse drücken. Alles mit den Semmelbröseln vermischen. Mit dem Olivenöl zu einer Paste verrühren. Die Hälfte der Paste abgedeckt zur Seite stellen.

4. Die Lammkeule mit Salz und Pfeffer einreiben. Das Olivenöl in einer Pfanne erhitzen und die Lammkeule von allen Seiten langsam in ca. 15 Minuten anbraten.

5. Ein tiefes Backblech leicht einölen und mit den vorbereiteten Kartoffeln und Tomaten belegen. Mit Salz und Pfeffer würzen.

6. Die Lammkeule mit der Petersilien-Paste von allen Seiten bestreichen und auf das Kartoffelbett legen. Das Bratenthermometer an der dicksten Stelle des Bratens platzieren. Auf einem Ofengitter ca. 4 ½ Stunden auf der unteren Backofenschiene garen. Die Kerntemperatur sollte ca. 60° C erreichen.

7. Die andere Hälfte der Petersilien-Paste mit dem Parmesan mischen und eine ¾ Stunde vor Garende auf die Lammkeule streuen. Das Butterschmalz in Flocken darauf verteilen. Ca. 15 Minuten unter den Grill, Stufe 1 stellen, bis die Petersilienkruste schön knusprig ist. Nach der Garzeit den Ofen ausschalten und die Lammkeule noch etwas ruhen lassen.

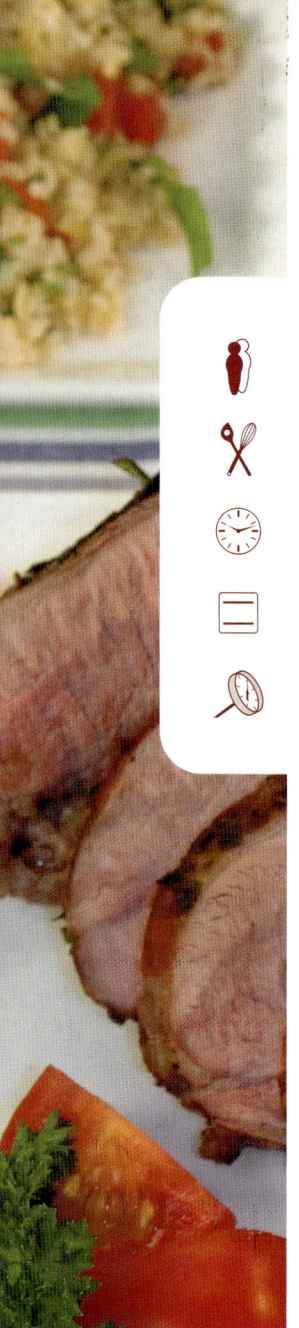

Lammbraten *mit Bulgur-Salat*

2 Personen

ca. 15 Minuten

ca. 2 Stunden

90° C

60° C

ZUTATEN:

400 g Lammbraten aus
der Keule
1 Zitrone
½ Bund glatte Petersilie
1 Knoblauchzehe
4 EL Olivenöl
Salz
Pfeffer

Für den Salat:
80 g Bulgur
1 Frühlingszwiebel
1 Tomate
½ Bund glatte Petersilie
3 EL Olivenöl
Salz
Pfeffer

ZUBEREITUNG:

1. Den Backofen auf 90° C vorheizen
und eine feuerfeste, flache Form
darin vorwärmen.

2. Das Lammfleisch unter fließend
kaltem Wasser abwaschen und mit
Küchenkrepp trocken tupfen. Die
Zitrone auspressen. Das Fleisch mit
zwei Esslöffeln Zitronensaft einreiben und etwas ruhen lassen.

3. Die Petersilie waschen, trocken schütteln und klein schneiden. Den Knoblauch schälen und durch die Knoblauchpresse in eine kleine Schüssel drücken.
Mit der Petersilie und zwei Esslöffeln
Olivenöl mischen. Das Fleisch zuerst
mit Salz und Pfeffer, dann mit der Peter-
silien-Knoblauch-Mischung einreiben.

4. Das restliche Olivenöl in einem Bräter
erhitzen und das Fleisch in ca. drei
Minuten scharf anbraten. Das Bratenthermometer an der dicksten Stelle
des Bratens platzieren.

5. Den Braten in die vorgewärmte Form
legen und auf einem Ofengitter ca. zwei
Stunden auf der mittleren Backofenschiene garen. Die Kerntemperatur
sollte ca. 60° C erreichen. Nach der
Garzeit den Ofen ausschalten und den
Braten noch etwas ruhen lassen.

6. Den Bulgur waschen, 30 Minuten
in kaltem Wasser einweichen und
in einem Sieb abtropfen lassen.

7. Die Frühlingszwiebel putzen, waschen
und in kleine Ringe schneiden. Die Tomate waschen, vierteln, entkernen, den
Stielansatz entfernen und in kleine Stücke schneiden. Die Petersilie waschen,
trocken schütteln und klein schneiden.

8. Den restlichen Zitronensaft mit Salz,
Pfeffer sowie Olivenöl vermengen und
mit den Zwiebelringen, den Tomaten-
stücken und der Petersilie unter den
Bulgur mischen. Der Salat sollte min-
destens eine Stunde durchziehen.

9. Den Braten aufschneiden und mit
dem Bulgur-Salat servieren. Reichen
Sie dazu Baguette.

Hirschbraten *mit Birnen*

👤 4 Personen

✗ ca. 35 Minuten

🕐 ca. 3 ¼ Stunden

▭ 100° C

🔍 65° C

ZUTATEN:

800 g Hirschbraten
70 g Butterschmalz
1 EL Dijon Senf

Für die Soße:
1 Zwiebel
1 EL Bratensoße, instant
Salz
Pfeffer

Für die Birnen:
2 Birnen, 1 kleines Glas
Preiselbeeren
30 g Zucker
1 EL Zitronensaft

Für die Dekoration:
4 frische Feigen

ZUBEREITUNG:

1. Den Backofen auf 100° C vorheizen und eine feuerfeste Form darin vorwärmen. Das Fleisch von eventuellen Häuten und Sehnen befreien, unter fließend kaltem Wasser abwaschen und trocken tupfen. Mit dem Senf einreiben.

2. Das Butterschmalz in einer Pfanne erhitzen und den Braten von allen Seiten anbraten. In die vorgewärmte Form legen und das Bratenthermometer an der dicksten Stelle des Bratens platzieren. Auf einem Ofengitter ca. 3 ¼ Stunden auf der unteren Backofenschiene garen. Die Kerntemperatur sollte ca. 65° C erreichen. Nach der Garzeit den Ofen ausschalten und den Braten noch etwas ruhen lassen.

3. Die Zwiebel schälen, würfeln und in dem Bratenansatz andünsten. Mit ½ l Wasser ablöschen. Mit Salz und Pfeffer abschmecken und mit dem Bratensoßenpulver binden.

4. Die Birnen schälen, halbieren und das Kerngehäuse entfernen. 200 ml Wasser, den Zucker und den Zitronensaft in einem Topf aufkochen. Die Birnenhälften darin weich kochen, abtropfen lassen und mit den Preiselbeeren füllen. Die Feigen vierteln.

Dazu passen: Knödel und Rotkraut.

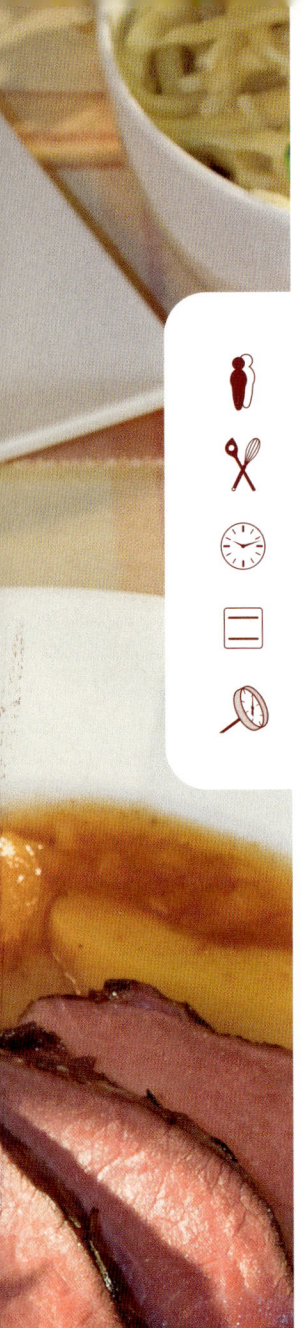

Wildschwein *mit Pfirsichen*

4–6 Personen

ca. 30 Minuten

ca. 3 Stunden

90° C

60° C

ZUTATEN:

ca. 1–1,3 kg Wildschwein
1 Zweig Rosmarin
Salz
Pfeffer
80 g Butterschmalz
4 halbe Pfirsiche aus
der Dose

1 Zwiebel
125 ml Pfirsichsaft
2 EL Bratensoße, instant
1 EL Soßenbinder, instant

ZUBEREITUNG:

1. Den Backofen auf 90° C vorheizen. Eine feuerfeste Form darin vorwärmen. Das Fleisch von eventuellen Häuten und Sehnen befreien, unter fließend kaltem Wasser abwaschen und mit Küchenkrepp trocken tupfen. Den Rosmarin waschen, trocken schütteln und die Blätter klein schneiden. Das Fleisch salzen.

2. 50 g Butterschmalz in einer Pfanne erhitzen. Das Fleisch in ca. fünf Minuten von allen Seiten anbraten. Mit Pfeffer würzen. In die vorgewärmte Form legen und mit dem Rosmarin bestreuen. Das Bratenthermometer an der dicksten Stelle des Bratens platzieren.

3. Den Braten auf einem Ofengitter ca. drei Stunden auf der unteren Backofenschiene garen. Die Kerntemperatur sollte ca. 60° C erreichen. Nach der Garzeit den Ofen ausschalten und den Braten noch etwas ruhen lassen.

4. Die Pfirsichhälften in Spalten schneiden. Die Zwiebel schälen und fein würfeln. Das restliche Butterschmalz erhitzen und die Zwiebelwürfel darin andünsten. Mit einem Liter Wasser ablöschen. Das Bratensoßen- sowie das Soßenbinderpulver hineinrühren und kurz aufkochen lassen. Den Pfirsichsaft dazugeben und mit Salz und Pfeffer abschmecken. Vor dem Servieren die Pfirsichspalten kurz in der Soße erhitzen.

5. Das Wildschweinfleisch in Scheiben schneiden und mit der Pfirsichsoße anrichten.

Dazu passen als Beilage Schupfnudeln.

Reh*keule*

6 Personen	
ca. 25 Minuten	
ca. 3 ½ Stunden	
100° C	
60° C	

ZUTATEN:

1,1 kg Rehkeule ohne
Knochen, mit Wade
40 g Butterschmalz
Salz
Pfeffer, frisch gemahlen
reißfester Zwirn

Für die Soße:
18 Wacholderbeeren
3 Nelken
400 ml Wildfond
2 Zwiebeln
1 EL Bratensoße, instant
1 EL Mehl
3 EL Preiselbeeren
Salz
Pfeffer

ZUBEREITUNG:

1. Den Backofen auf 100° C vorheizen. Ein Abtropfblech in den Backofen stellen. Das Fleisch von eventuellen Häuten und Sehnen befreien, unter fließend kaltem Wasser abwaschen und trocken tupfen. Mit Salz und Pfeffer einreiben, zusammenrollen und mit Zwirn zusammenbinden.

2. Das Butterschmalz in einer Pfanne erhitzen und den Braten in etwa fünf Minuten von allen Seiten anbraten. Das Bratenthermometer an der dicksten Stelle des Bratens platzieren. Auf einem Ofengitter ca. 3 ½ Stunden im unteren Drittel des Backofens garen. Die Kerntemperatur sollte ca. 60° C erreichen. Nach der Garzeit den Ofen ausschalten und die Rehkeule noch etwas ruhen lassen.

3. Die Zwiebeln schälen und klein schneiden. Die Wacholderbeeren leicht mit der Gabel andrücken. Die Zwiebeln im Bratenansatz glasig dünsten. Die Gewürze und den Wildfond dazugeben und auf die Hälfte der Flüssigkeit einkochen lassen. Die Soße durch ein feines Sieb passieren und zurück in den Topf gießen. ¼ l Wasser hinzufügen, aufkochen lassen und das Bratensoßenpulver hineinrühren. Das Mehl mit dem Schneebesen in ¼ l kaltem Wasser verquirlen und die Soße nach Bedarf damit andicken. Die Preiselbeeren unterrühren und mit Salz und Pfeffer abschmecken.

Dazu passen Nudeln, Preiselbeeren und eine Gemüseplatte aus Zucchini, Kohlrabi und Brokkoli mit gerösteten Mandelblättchen.

Formschöne Rolle ...

Um die Rehkeule in Form zu bringen, wird sie mit reißfestem Zwirn oder Küchengarn wie ein Rollbraten gebunden.

Seelachsfilet *mit Kartoffelkruste*

4 Personen

ca. 25 Minuten

ca. 45 Minuten

100° C

55° C

ZUTATEN:

1,2 kg Seelachsfilet
30 g Butter
Salz
Pfeffer
Paprikapulver
2 TL Senf
6 kleine Kartoffeln

300 ml Fischfond
1 Zwiebel
Butter für die Form

ZUBEREITUNG:

1. Den Backofen auf 100° C vorheizen. Eine feuerfeste Form darin vorwärmen.

2. Das Fischfilet unter fließend kaltem Wasser abwaschen und mit Küchenkrepp trocken tupfen. In vier gleich große Stücke teilen und mit dem Senf bestreichen.

3. Die Zwiebel schälen und würfeln. Die Kartoffeln waschen, schälen und auf einer Reibe grob in eine Schüssel kaltes Wasser raspeln, damit sie nicht braun werden. Über einem Haarsieb abtropfen lassen und mit Küchenkrepp trocken tupfen.

4. Die Butter in einer Pfanne erhitzen und die Zwiebelwürfel mit den Kartoffelraspeln goldbraun anbraten. Mit Salz, Pfeffer und Paprikapulver würzen.

5. Den Fisch in die vorgewärmte, gebutterte Form legen und die Kartoffelmasse gleichmäßig darauf verteilen. Den Fischfond in die Form gießen. Das Bratenthermometer an der dicksten Stelle eines Fischfiletstückes platzieren. Auf einem Ofengitter ca. 45 Minuten auf der unteren Backofenschiene garen. Die Kerntemperatur sollte ca. 55° C erreichen. Nach der Garzeit den Ofen ausschalten und das Filet noch etwas ruhen lassen.

Dazu schmeckt Rucola und Radicchio-Salat.

Viktoriaseebarsch*filetröllchen*

ZUBEREITUNG:

1. Das Fischfilet unter fließend kaltem Wasser abwaschen und mit Küchenkrepp trocken tupfen. Die Filets der Länge nach halbieren. Sind die Fischstücke zum Rollen zu dick, diese am besten mit einem langen Messer teilen. Dazu legt man das Fischfilet auf die Arbeitsfläche, legt die flache Hand darauf und führt das Messer vorsichtig in der Mitte des Filets entlang. Durch das Auflegen der Hand hat man ein besseres Gefühl, sodass beide Hälften gleich dick werden.

2. Die Filets von beiden Seiten mit Salz und Pfeffer einreiben. Die Stücke zusammenrollen und mit einem Zahnstocher fixieren. Die Knoblauchzehe schälen und fein würfeln.

3. Den Backofen auf 100° C vorheizen. Eine feuerfeste Glasform darin vorwärmen. Reichlich Rapskernöl in einer Pfanne erhitzen, die Fischröllchen von allen Seiten kurz anbraten und in die Glasform legen. Das Bratenthermometer platzieren. In der Pfanne den Knoblauch kurz andünsten und mit dem Rapskernöl auf den Fischröllchen verteilen.

4. Die Röllchen auf einem Ofengitter ca. 1 ½ Stunden im unteren Drittel des Backofens garen. Die Kerntemperatur sollte ca. 60° C erreichen. Nach der Garzeit den Ofen ausschalten und die Röllchen noch etwas ruhen lassen.

5. Den Blattspinat verlesen, die groben Stiele abschneiden und waschen. Auf einem Sieb abtropfen lassen. Die Zwiebel schälen, fein würfeln und mit Salz, Zucker, Pfeffer und dem Essig mischen. Den halben Bund Petersilie waschen, trocken schütteln, klein schneiden und in die Salatsoße rühren. Kurz vor dem Anmachen das Öl hinzufügen.

6. Den Bund glatte Petersilie waschen und trocken schütteln. Die Stiele entfernen und die Blätter auf etwas Küchenkrepp legen. Die Pinienkerne in einer beschichteten Pfanne ohne Fett kurz anrösten. Vorsicht, sie verbrennen schnell! Die abgetrocknete Petersilie etwas klein hacken, zu den Pinienkernen in die Pfanne geben und mitrösten.

7. Die Petersilie mit den Pinienkernen über die Fischröllchen streuen. Zum Warmhalten in den Backofen zurückstellen.

8. Den Spinat mit der vorbereiteten Soße anmachen. Dazu schmeckt Kartoffelpüree.

4 Personen

 ca. 30 Minuten

 ca. 1 ½ Stunden

 100° C

 60° C

ZUTATEN:

800 g Viktoriaseebarschfilet
Meersalz
Pfeffer
1 Knoblauchzehe
Rapskernöl zum Braten
1 Bund glatte Petersilie
60 g Pinienkerne
350 g Babyblattspinat

1 Zwiebel
½ Bund Petersilie
½ TL Salz
½ TL Zucker
Pfeffer
3 EL Essig
3 EL Öl
Zahnstocher

Thunfisch*steaks*

4 Personen	
ca. 20 Minuten	
ca. 45 Minuten	
100° C	
50° C	

ZUTATEN:

4 Thunfischsteaks à 200 g
Meersalz (Fleur de Sel)
Pfeffer
6 EL Olivenöl
1 kg Kartoffeln

Für die Garnitur:
1 Eichblattsalat
250 g Babykarotten
150 g Zuckererbsen
4 Garnelen, ohne Schale
1 Zwiebel
20 g Butter
Salz, Pfeffer
Zucker
Essig, Öl

ZUBEREITUNG:

1. Die Thunfischsteaks unter fließend kaltem Wasser abwaschen und mit Küchenkrepp trocken tupfen. Mit dem Meersalz einreiben und mit Pfeffer bestreuen.

2. Den Backofen auf 100° C vorheizen. Eine feuerfeste Form darin vorwärmen. In einer Pfanne das Olivenöl erhitzen und die Thunfischsteaks auf jeder Seite ½ Minute anbraten. Die Steaks in die vorgewärmte Form legen und auf einem Ofengitter ca. 45 Minuten im unteren Drittel des Backofens garen. Die Kerntemperatur sollte ca. 50° C erreichen. Nach der Garzeit den Ofen ausschalten und die Steaks noch etwas ruhen lassen.

3. Die Kartoffeln waschen, schälen und mit zwei Teelöffeln Salz in reichlich Wasser gar kochen. Den Eichblattsalat putzen, waschen und auf einem Sieb abtropfen lassen. Die Zwiebel schälen, fein würfeln und mit ½ Teelöffel Salz, einem Teelöffel Zucker, Pfeffer sowie zwei Esslöffeln Essig und Öl mischen.

4. Die Zuckererbsen an beiden Enden abscheiden und eventuell Fäden dabei abziehen. In reichlich Salzwasser ca. fünf Minuten blanchieren. Auf ein Sieb schütten und gut abtropfen lassen.

5. Die Babykarotten in Streifen schneiden und in Salzwasser ca. zehn Minuten blanchieren. Auf ein Sieb schütten und gut abtropfen lassen.

6. Die Butter in einer Pfanne schmelzen. Die Garnelen, die Karottenstreifen und die Zuckererbsen darin schwenken.

7. Die Thunfischsteaks auf Tellern mit der angemachten Gemüsegarnitur und den Garnelen anrichten. Dazu die Salzkartoffeln reichen.

Seeteuffel*filet*

👤 6 Personen

🍴 ca. 20 Minuten

🕐 ca. 30 Minuten

▭ 80° C

🌡 55° C

ZUTATEN:

1 kg Seeteuffelfilet
140 g Butter
3 Äpfel, Boskop
2 Zwiebeln
800 g (oder 7) Tomaten
50 g Butterschmalz
Mehl zum Wenden der Fischfilets

1 Bund glatte Petersilie
Salz
Pfeffer
Tomatenwürzsalz
Saft von 1 Limette

ZUBEREITUNG:

1. Die Tomaten enthäuten, indem man den Strunk entfernt und die Unterseite kreuzförmig einritzt. Die Tomaten mit reichlich kochendem Wasser übergießen. Wenn sich die eingeritzte Haut rollt, die Tomaten aus dem heißen Wasser nehmen und mit kaltem Wasser abschrecken. Die Haut abziehen, die Tomaten vierteln und in Spalten schneiden. Die Kerne und Trennwände entfernen und mit Tomatenwürzsalz und Pfeffer würzen. Die Zwiebeln schälen, halbieren und in Scheiben schneiden. Die Äpfel schälen, vierteln, entkernen und grob würfeln. Die gewaschene Petersilie trocken schütteln und grob schneiden.

2. Den Backofen auf 80° C vorheizen. Eine feuerfeste Form darin vorwärmen. In einer Pfanne das Butterschmalz erhitzen. Die Zwiebelscheiben darin andünsten. Die Tomatenspalten hinzufügen und mitdünsten.

3. Das Seeteuffelfilet unter fließend kaltem Wasser abwaschen, mit Küchenkrepp trocken tupfen und in Stücke schneiden. Mit Salz und Pfeffer würzen. In Mehl wenden, überschüssiges Mehl abklopfen.

4. 100 g Butter in einer Pfanne erhitzen und die Filetstücke rundum anbraten. Die Filetstücke in die vorgewärmte Form legen. Die restliche Butter in der Pfanne erhitzen und die Apfelstücke fünf Minuten darin dünsten. Die Apfelstücke über dem Fisch verteilen und das Bratenthermometer in einem Filetstück platzieren. Auf einem Ofengitter ca. 30 Minuten im unteren Drittel des Backofens garen. Die Kerntemperatur sollte ca. 55° C erreichen. Nach der Garzeit den Ofen ausschalten und das Filet noch etwas ruhen lassen.

5. Die Tomaten, Zwiebeln, Apfelstücke und die Petersilie mit dem Seeteuffel anrichten. Wer mag, kann den Fisch mit Limettensaft beträufeln. Dazu passt eine Basmati- und Wildreis-Mischung.

Register

© 2009 SAMMÜLLER KREATIV GmbH

Genehmigte Lizenzausgabe
EDITION XXL GmbH
Fränkisch-Crumbach 2009
www.edition-xxl.de

Idee und Projektleitung: Sonja Sammüller
Layout, Satz und Umschlaggestaltung:
SAMMÜLLER KREATIV GmbH

ISBN (13) 978-3-89736-075-4
ISBN (10)   3-89736-075-6

Wir bedanken uns ganz herzlich bei dem
Team der Fleisch- und Fischtheke des Edeka
Aktiv Markt Graulich in Reichelsheim für
die fachliche Unterstützung!